Birgit Sitorus/Hiltrud Stöcker-Zafari

Trennung und Scheidung binationaler Paare

Ist eine Beziehung gescheitert, gilt es den Blick nach vorne zu richten. Die eigene Zukunft steht auf dem Spiel, will geplant und gestaltet werden, was auch Unsicherheiten und Ängste mit sich bringt. Für binationale Paare ergeben sich dabei besondere Fragen, die mit ihrer speziellen rechtlichen Situation zusammenhängen.
Die Autorinnen, die seit vielen Jahren im Verband binationaler Familien und Partnerschaften als Beraterinnen für binationale Paare tätig sind, erläutern die juristischen Grundlagen von Scheidungsverfahren auf verständliche Weise und gehen dabei besonders auf die in Europa geltenden neuen Regelungen zum Sorge- und Umgangsrecht und ihre Auswirkungen auf binationale Paare ein. Angst vor Kindesmitnahme ins Ausland wird ebenso thematisiert wie die Aufhebung einer eingegangenen Lebenspartnerschaft bei gleichgeschlechtlichen Paaren.

Ein Ratgeber, der aus dem Blickwinkel binationaler Paare wichtige Fragen zu Scheidungsrecht beantwortet und damit in einer schwierigen Lebenssituation Entscheidungshilfen bietet und Kompetenz vermittelt.

Die Autorinnen:

Birgit Sitorus, Dipl. Psychologin und Familientherapeutin, ist seit vielen Jahren in der Trennungs- und Scheidungsberatung beim Verband binationaler Familien und Partnerschaften tätig. Sie entwickelte die Konzeption für den begleiteten Umgang und führt diesen seit Jahren durch.

Hiltrud Stöcker-Zafari, Dipl. Pädagogin, arbeitet in der Bundesgeschäftsstelle der iaf als Referentin für die Beratung und ist seit vielen Jahren als Beraterin für binationale Paare tätig.

Birgit Sitorus/Hiltrud Stöcker-Zafari

Trennung und Scheidung binationaler Paare

Ein Ratgeber

Herausgegeben vom Verband binationaler Familien und Partnerschaften, iaf e.V.

Brandes & Apsel

Auf Wunsch informieren wir regelmäßig über das Verlagsprogramm.
Eine Postkarte an den Brandes & Apsel Verlag, Scheidswaldstr. 33,
D-60385 Frankfurt a.M., genügt. Oder per e-mail: brandes-apsel@t-online.de
Internet: www.brandes-apsel-verlag.de

1. Auflage 2002

Lektorat und DTP: Ulrike Achtnich, Frankfurt a.M.
Umschlaggestaltung: Angelika Fritsch, Frankfurt a.M.,
Druck und Verarbeitung: Tiskarna Ljubljana D. D., Ljubljana,
Printed in Slovenia
Gedruckt auf säurefreiem, alterungsbeständigem und chlorfrei gebleichtem Papier.

Die Deutsche Bibliothek - CIP-Einheitsaufnahme: Ein Titelsatz für diese Publikation ist bei der *Deutschen Bibliothek* erhältlich.

ISBN 3-86099-759-9

Inhalt

Vorwort

Wo geliebt wird, wird auch gestritten, sich getrennt und geschieden. Das ist bei Paaren unterschiedlicher Staatsangehörigkeit nicht anders als bei Johann und Julia mit deutschem Pass. Anders sind zum Teil die Rechtsvorschriften; davon ist in diesem Buch die Rede und wir hoffen, dass wir mit unseren langjährigen Erfahrungen in der Konfliktberatung binationaler Paare dazu beitragen, dass zumindest dieser Teil einer Trennung oder Scheidung sich etwas leichter gestalten lässt.

Anders als bei deutsch-deutschen Paaren ist vor allem die Außenwahrnehmung dieser Beziehungen. Binationale Beziehungen werden von der Gesellschaft nach wie vor in erster Linie als »Problempartnerschaften« gesehen – eine Haltung, die die Paare manchmal in die absurde Situation bringt, ihr Glück rechtfertigen zu sollen. Als Interessensverband binationaler Familien kommen wir mit beiden Blickwinkeln in Kontakt: mit der Innensicht der Paare und dem Blick »von außen«, den Medien, den Behörden, dem sozialen Umfeld.

Emotionale Nähe macht verletzlich, aber auch erfinderisch. Die Konfrontation mit kulturell fremden Denk- und Verhaltensmustern ist in höchstem Maße irritierend, fasziniert aber auch durch die unmittelbare Erfahrung einer anderen Sicht auf die Welt. »Liebe kann Berge versetzen« sagt der Volksmund; binationale Paare entdecken für sich oft ganz neue Landschaften. Der bewusste Umgang mit Unterschieden führt zu persönlichen Selbst-Erkenntnissen, die auch bei einem Scheitern der Beziehung das biographische Gepäck bereichern.

In krassem Gegensatz dazu steht der überwiegend kritische, vereinfachende Blick der Außenwelt. Ob es um die Religion geht, Männer- und Frauenrollen, die Haltung der Verwandten oder die Erziehung der Kinder – grundsätzlich liegt hier erst mal ein Problem, das mal besser, mal schlechter gelöst wird. In der Außenwahrnehmung haben tatsächliche oder auch angenommene kulturelle Unterschiede ein viel stärkeres Gewicht als Bildungsgrad, sozialer Status oder Wohnumfeld – Lebensweltfaktoren, die binationale und Migrantenfamilien mit deutschen Einheimischen teilen.

Den Einfluss der Umgebung darf man nicht unterschätzen: Wer in Beziehungskrisen ratlos ist, ist empfänglich für Interpretationsangebote. Dass Marokkaner Machos sind, weiß man doch schließlich, also braucht man das Verhalten von Mustafa nicht weiter zu hinterfragen. Und wieso erwartest du von Susanne Verständnis, deutsche Frauen denken doch nur an sich.

Die »öffentliche« Reduzierung des komplexen Beziehungsgeschehens auf kulturelle Stereotypen ist vielleicht das größte Problem, das die Paare in Konfliktsituationen bewältigen müssen. Denn es verlängert sich ins Binnenverhältnis: Vor-Urteile sind auch eine Entlastung, sie bieten Orientierung, die gerade in Konfliktsituationen dringend gesucht wird, doch nicht unbedingt weiter bringt.

Eine Trennung oder Scheidung ist immer eine persönliche Krise und wirft oft viele rechtliche Fragen auf. Der vorliegende Ratgeber ist kein Wegweiser durch das Labyrinth interkultureller Konflikte, aber er kann helfen, die rechtlichen von den persönlichen Problemen zu unterscheiden und dadurch Unsicherheiten und Ängste vermindern.

Viele haben dazu beigetragen, dass der Ratgeber in dieser Form erscheinen konnte. Birgit Sitorus und Hiltrud Stöcker-Zafari sind langjährige, erfahrene Beraterinnen des Verbandes binationaler Familien und Partnerschaften, die auch die Kenntnisse unserer vielen anderen, bundesweit tätigen haupt- wie ehrenamtlichen Berater/-innen mit aufgenommen haben. Besonderer Dank gilt Dr. Jörg Wegner, Rechtsanwalt in Bremen und langjähriger Projektleiter von Leschiak, dem lesbisch-schwulen internationalen Arbeitskreis in unserem Verband. Seine Sensibilität gegenüber den Fragestellungen binationaler Paare sind für uns von ebenso großem Wert wie seine fundierten rechtlichen Kenntnisse.

Dank gebührt auch dem Bundesministerium für Familie, Senioren, Frauen und Jugend, das die Arbeit unseres Verbandes seit Jahren kontinuierlich unterstützt und so dazu beiträgt, dass wir ein qualifiziertes Beratungsangebot für binationale Paare und Familien bereit stellen können. Eben auch wenn es kriselt.

Cornelia Spohn — Frankfurt a. M., August 2002
Bundesgeschäftsführerin

Die Lebenssituation binationaler Paare

Binationale Familien sind eine wachsende Gruppe in der Gesellschaft. Im Durchschnitt sind bei jeder sechsten Eheschließung in der Bundesrepublik Migranten/-innen beteiligt. Vor allem in Ballungsräumen wie Frankfurt oder Hamburg stehen bei einem Drittel aller Eheschließungen binationale Paare vor dem Standesamt. Rechnet man die geschätzten ca. 30.000 binationalen Eheschließungen im Ausland hinzu (diese Schätzung basiert auf der Zahl der beantragten Einreisevisa zur Familienzusammenführung ins Bundesgebiet), heiraten jedes Jahr etwa 100.000 Deutsche eine/n Partner/in anderer Herkunft. Aus diesen Ehen wurden im Jahr 1999 knapp 65.000 Kinder geboren. Betrachtet man Kinder aus binationalen und Migrantenfamilien zusammen und rechnet schließlich noch Kinder von Aussiedlern und Eingebürgerten hinzu, wird heutzutage etwa ein Viertel aller Kinder in eine Familie mit interkulturellem Hintergrund hineingeboren.

Die Lebenssituation von binationalen und Migrantenfamilien unterscheidet sich in einigen Aspekten ganz wesentlich von den Bedingungen, die wir in deutschen Familien vorfinden. Dies hat auf viele Bereiche des alltäglichen Lebens Auswirkungen. Allgemeingültige Aussagen über binationale Familien und Migranten/-innen lassen sich jedoch nur sehr schwer formulieren, da es sich um sehr heterogene Gruppen handelt und solche Aussagen auch immer die Gefahr mit sich bringen, Stereotypisierungen Vorschub zu leisten.

Fast alle Nationalitäten dieser Welt sind hier vertreten, Menschen aus den verschiedensten Ländern in unterschiedlicher Zahl. Die Aufenthaltszeiten in Deutschland variieren sehr stark: Manche leben erst kurz in Deutschland, andere schon viele Jahre, viele in der zweiten und dritten Generation; es gibt außerdem ein beständiges Kommen und Gehen, Einwandern und Weiterwandern.

Binationale und Migranten/-innen stoßen auf unterschiedliche Widerstände in der Gesellschaft. Je nach Hautfarbe und sozialem Status, aber auch abhängig von Wohnort und sozialem Umfeld erfahren sie Ablehnung und Diskriminierung oder auch freundlichen Empfang und Aufnahme.

Trotz dieser individuellen Unterschiede werden im Folgenden vier Themen benannt, die die Lebenssituation der meisten binationalen und Migrantenfamilien stark beeinflussen. Nicht alle Aspekte sind für jede Familie in gleichem Maße relevant. In Krisenzeiten, bei einer Trennung oder Scheidung können sie jedoch für die Form der Auseinandersetzung und den Verlauf der Konflikte große Bedeutung erlangen.

Rechtliche Rahmenbedingungen

An erster Stelle stehen ausländerrechtliche Bestimmungen. Das Ausländerrecht regelt, unter welchen Bedingungen sich Migranten/-innen in Deutschland aufhalten können. Die meisten von ihnen haben eine Aufenthaltsgenehmigung, entweder weil sie schon lange in Deutschland leben, ihre Eltern beispielsweise schon zur Arbeitsaufnahme nach Deutschland kamen, oder weil sie EU-Bürger/-innen sind und sich aufgrund europäischer Regelungen im Bundesgebiet niederlassen dürfen. Heiratet allerdings ein binationales Paar und der Partner/die Partnerin erhält aufgrund der Eheschließung erstmals eine Aufenthaltsgenehmigung, so hängt diese für zwei Jahre vom Bestand der Ehe ab. Die Angst vor dem Verlust der Aufenthaltsgenehmigung sowie die Abhängigkeit des ausländischen Partners vom inländischen spielen erfahrungsgemäß bei Krisen in den ersten zwei Ehejahren eine große Rolle. In der Regel wollen die ausländischen Partner/-innen in Deutschland bleiben und sorgen sich um ihre Existenz. Dies kann konfliktverschärfend wirken, wenn mit allen Mitteln versucht wird eine mögliche Trennung zu verhindern. Bei manchen ausländischen Frauen hat diese Angst auch zur Folge, dass sie in Gewaltbeziehungen ausharren um ihre Aufenthaltsgenehmigung nicht zu verlieren.

Bei einer Trennung oder Scheidung spielen außerdem familienrechtliche Regelungen in Deutschland wie im Herkunftsland des anderen Partners sowie die Bestimmungen des jeweiligen Internationalen Privatrechts eine wichtige Rolle, und zwar in verschiedener Hinsicht: Zum einen verursacht die Unkenntnis der tatsächlichen Regelungen bei vielen Familien eine diffuse Angst, die Entscheidungsprozesse behindern und blockieren kann. Fragen wie: »Kann ich mich denn hier in Deutschland überhaupt scheiden lassen, wo wir doch im Senegal geheiratet haben?« oder: »Hat mein Mann einen größeren Anspruch auf die Kinder, weil er Moslem ist?« begegnen uns immer wieder in der Beratung. Noch immer unvollständige grenzüberschreitende Regelungen, z.B. zur gegenseitigen Anerkennung von Gerichtsbeschlüssen – insbesondere im Hinblick auf elterliche Sorge und Umgang –, verursachen ein hohes Maß an Verunsicherung. Im europäischen Rahmen gibt es hier inzwischen differenzierte Regelungen, die dafür sorgen, dass die in einem Land gefassten Gerichtsbeschlüsse auch in den anderen europäischen Ländern Bestand haben. In Bezug auf außereuropäische Staaten ist die Situation jedoch sehr uneinheitlich. In jedem Einzelfall muss geprüft werden, ob z.B. ein Beschluss zur elterlichen Sorge oder zum Umgang im anderen Land anerkannt werden kann; in vielen Ländern ist dies von vornherein aussichtslos. Bei sehr zerstrittenen Eltern kann die Tatsache, dass ein in Deutschland erwirkter Gerichtsbeschluss im Heimatland des anderen Elternteils keine Gültigkeit besitzt, viele Ängste und Verunsicherungen auslösen.

Interkulturelles Zusammenleben

Interkulturelles Zusammenleben erfordert von den Beteiligten die Bereitschaft, sich mit unterschiedlichen Wertvorstellungen und Verhaltensnormen, mit fremden Kommunikationsmustern und Problemlösungsstrategien auseinander zu setzen. Das Ignorieren kulturell geprägter Unterschiede kann Ursache sein für Unverständnis und Fehlinterpretationen; die Betrachtung von Menschen nur nach ihrer Herkunftskultur führt zugleich zu unzulässigen Verallgemeinerungen. Das Verhalten eines jeden Menschen, seine Sichtweisen, Regeln und Normen werden im Laufe des Lebens von vielen einzelnen Faktoren beeinflusst und geprägt, wie z.B. der speziellen Familie, in die er/sie hineingeboren wurde, den Eltern, deren Status und Ausbildung, ihrer Religion, der Zugehörigkeit zu einer speziellen Ethnie oder Subgruppe. Im weiteren Lebensweg und der persönlichen Entwicklung spielen die berufliche Sozialisation, die Ablösung von der Herkunftsfamilie und Migrationserfahrungen eine große Rolle. In Bezug auf eine konkrete Person ist es unmöglich, bestimmte Sicht- und Verhaltensweisen als ausschließlich kulturell bedingt zu betrachten, da alle anderen Faktoren immer gleichzeitig auch wirksam sind. Wenn im folgenden Abschnitt von kulturellen Unterschieden gesprochen wird, muss also immer mitgedacht werden, dass die Begriffe Kultur bzw. kulturelle Herkunft nur einen Aspekt der Unterschiedlichkeit benennen.

Kulturelle Unterschiedlichkeit kann in binationalen Familien bedeuten, dass die Vorstellungen in Bezug auf Ehe und Familie, Trennung und Scheidung oder Kinder zwischen den Partnern stark voneinander abweichen und ein Konfliktpotential darstellen. Hierzu einige Beispiele: Ein häufig anzutreffender Konfliktpunkt bei Binationalen ist z.B. die Frage, wer alles zum engeren Familienkreis gehört, welche Loyalitäten und Verpflichtungen es gegenseitig gibt, auf wessen Rat zu hören ist, wem gegenüber Leistungen zu erbringen sind. Während in der westlichen Gesellschaft die Kleinfamilie im Mittelpunkt steht, ist die Familie als Gruppe, der man angehört und verpflichtet ist, in vielen Ländern sehr viel weiter gefasst. Onkel und Tanten haben fast den Rang von Vater und Mutter, Cousins und Cousinen sind wie Brüder und Schwestern und selbst weit entfernte Verwandte haben Anspruch auf Solidarität und Hilfe.

In Bezug auf die Kinder ist ein typisch interkultureller Konflikt die Förderung von Selbstständigkeit und Individualität versus Einordnung in das familiäre Gefüge, Respekt und Gehorsam. Dem Großvater die Hand zu küssen, Aufforderungen des Vaters sofort Folge zu leisten, die Eltern keinesfalls beim Vornamen zu nennen, als Jugendliche niemals direkt vor den Augen der Eltern zu rauchen sind für manche ausländische Elternteile Selbstverständlichkeiten, für manche deutsche/n Partner/-innen autoritäre Erziehungsvorstellungen, denen sie entgegentreten.

Konfliktpunkte um die Erziehung können – ähnlich wie in deutschen Familien – z.B. auch die Frage sein, ob das Kind einen festen Tagesrhythmus braucht und pünktlich um acht Uhr ins Bett muss, wie viele Spielsachen es benötigt, wie viel Fernsehen schadet. Bei all diesen Konflikten spielen interkulturelle Aspekte eine Rolle, aber auch vieles andere, wie unterschiedliche Interessen und Bedürfnisse der Eltern. Ein Elternteil, der tagsüber die Kinder betreut, ist froh, wenn diese abends um acht Uhr im Bett liegen, während ein berufstätiger Elternteil den Abend als die einzige Zeit betrachtet, die er/sie unter der Woche mit den Kindern verbringt.

Bei Trennungs- und Scheidungsauseinandersetzungen sowie bei Umgangskonflikten können kulturell bedingte unterschiedliche Haltungen und Sichtweisen in Bezug auf Familie und Kinder eine Verständigung zwischen den Partnern besonders schwer machen. In vielen Gesellschaften sind Scheidungen noch immer sehr selten und wenn sie vorkommen, bedeuten sie oft einen völligen Bruch. Es gibt keine Modelle für eine friedliche Trennung und zumeist braucht es eine/n Schuldige/n, der/dem das Scheitern der Familie angelastet werden kann. Vom weiteren Familienkreis wird häufig versucht, die Trennung zu verhindern: Es gibt Vermittlungs- und Versöhnungsversuche, manchmal ganze Familienkonferenzen, in denen nach Lösungen gesucht wird.

In Bezug auf die Kinder können die Konflikte dadurch geprägt sein, dass die Rechte von Männern und Frauen in Bezug auf ihre Kinder und die Zuordnung der Kinder zur Familie des Vater oder der Mutter in vielen

Gesellschaften anders geregelt sind als in Deutschland. So haben z.B. in Ländern mit islamischer Rechtstradition die Frauen – besonders bei kleineren Kindern – überwiegend das Recht diese zu versorgen und zu betreuen, während Entscheidungsbefugnisse und die Vormundschaft in der Regel beim Vater bleiben.

Belastungen durch das Leben in der Migration

Leben in der Migration bedeutet in der Regel zunächst: Sich bewegen in einer Sprache, die man nicht perfekt, manchmal sogar kaum beherrscht; ein Absinken des sozialen Status; unbekannte gesellschaftliche Spielregeln und Strukturen, zu denen auch öffentliche Einrichtungen wie Jugendamt, Beratungsstellen oder ein fremder juristischer Apparat gehören. Das Bewegen in diesen Einrichtungen fällt sehr schwer. Die Dienste sind nicht auf die Bedürfnisse von Migranten/-innen eingestellt. Es fehlen muttersprachliche Berater/-innen bzw. Fachkräfte mit interkultureller Kompetenz.

Innerhalb der Familie bedeutet Leben in der Migration in der Regel vor allem zu Beginn der Ehe eine Abhängigkeit des ausländischen Partners vom inländischen bzw. in Migrantenfamilien die Abhängigkeit vom zuerst nach Deutschland eingewanderten Partner. Die Notwendigkeit sich in der Gesellschaft erst einmal zu orientieren, die Sprache zu erlernen, Arbeit zu finden, führt zu dieser Schieflage. Ausländerrechtliche wie arbeitsrechtliche Einschränkungen schreiben auf juristischer Ebene – vor allem zu Beginn der Ehe – ein deutliches Abhängigkeitsverhältnis vom inländischen bzw. zuerst eingewanderten Partner fest. Bei Konflikten hat dieses Abhängigkeitsverhältnis Folgen: Das Ausspielen von Machtpositionen des einen Partners korrespondiert mit Angst und Verunsicherung oder ohnmächtiger Wut auf der anderen Seite. Eine konstruktive Konfliktbearbeitung ist dadurch erschwert.

Das Vorhandensein oder Fehlen eines sozialen Netzes zeigt bei einer Trennung oder Scheidung große Auswirkungen. Einem Teil der Migranten fehlt ein solches Netz, vor allem wenn keine Familienangehörigen hier leben. Trennung und Scheidung werden umso dramatischer erlebt, da mit dem Verlust der Familie in Deutschland der soziale Rahmen verloren geht. Andere verfügen durchaus über ein soziales Netz, vor allem Migranten der klassischen Gastarbeiterländer, da inzwischen große Teile der Familien in

Deutschland leben. Hier kann dann allerdings die Einmischung und die hohe soziale Kontrolle konfliktverschärfend wirken.

Rassismus, Diskriminierung, Benachteiligung

Binationale Familien und Migranten/-innen sind noch immer Benachteiligungen und Diskriminierungen ausgesetzt. Diese beginnen mit Hürden bei der Eheschließung, setzen sich fort mit Problemen bei der Visaerteilung – sei es zur Familienzusammenführung oder für den Besuch von Verwandten – und beinhalten auch nicht selten soziale Benachteiligungen, Probleme bei der Wohnungssuche oder am Arbeitsplatz. Der hohe behördliche wie gesellschaftliche Druck hat Auswirkungen auf die Familien, die je nach Konstellation eine Festungsmentalität entwickeln (»WIR gegen die Welt«) oder aber dem Druck nicht standhalten und sich gegenseitig die Schuld für Probleme zuschreiben mit Vorwürfen wie: »Wenn Du endlich mal anständig deutsch sprechen könntest, bekämst du auch Arbeit!« oder: »Du bist doch Deutsche, wieso schaffst du es nicht eine Wohnung zu finden?«.

In vielen Fällen muss die Wahl eines Partners anderer Herkunft noch immer verteidigt und gerechtfertigt werden. Die Haltung von Eltern, Freunden und Bekannten kann sich auch heute noch in Sätzen zeigen wie: »Das kann doch nicht gut gehen!«, »Die heiratet dich nur wegen dem Aufenthalt!« oder gar: »So einer kommt mir nicht ins Haus.« Der noch immer bestehende Rechtfertigungsdruck bei binationalen Familien kann zu einer Idealisierung der Beziehung führen. Konflikte werden nicht bearbeitet, sondern negiert. Der Satz »Ich hab's dir doch gleich gesagt, das konnte ja nicht gut gehen!« hängt wie ein Damoklesschwert über vielen Paaren.

Schließlich sind auch innerhalb binationaler Familien positive wie negative stereotype Erklärungsmuster und Vorurteile anzutreffen, die zu verschiedenen Zeiten unterschiedliche Auswirkungen haben. So mag die asiatische Ehefrau zunächst als brav und unterwürfig betrachtet werden, der kolumbianische Ehemann als Straßensänger so warmherzig und exotisch erscheinen, die deutsche Frau so lebenstüchtig und gut organisiert. Werden im Zusammenleben die Erwartungen nicht erfüllt – die, da sie selbstverständlich sind, nicht kommuniziert werden – entstehen daraus viele Konflikte. Bei einer Trennung kann es dann heißen: »Mein Mann hat mich nur wegen der Aufenthaltserlaubnis geheiratet!« oder »Meine Frau ist wie alle Deutschen, egoistisch und kalt!« oder »Araber entführen ihre Kinder.«

Beratungsbedarf

Beratungs- und Unterstützungsangebote für binationale Familien müssen die interkulturellen, rechtlichen und gesellschaftlichen Rahmenbedingungen berücksichtigen, um die besonderen Problemlagen in binationalen Familien adäquat wahrzunehmen und eine entsprechende Hilfe anbieten zu können. Eine wichtige Grundlage hierfür ist die Bereitstellung von Informationen. In den folgenden Abschnitten werden diese für die Trennungs- und Scheidungssituation binationaler Paare gegeben und dabei der Themenbereich der Kindesentführung mit berücksichtigt.

Die Trennung

»Probleme kommen in den besten Familien vor. Warum sich gleich trennen?« Solche und ähnliche Kommentare werden gern gegeben, wenn Zweifel an der Ehe aufkommen. Vielfach wird auch auf die Vergangenheit hingewiesen: »Ihr wart doch so glücklich, ein harmonisches Paar, so richtig zum Vorzeigen.« Und heute?

Wenn immer wieder die Frage auftaucht, ob dies nun alles gewesen ist – dann ist die Zeit gekommen, die Probleme anzugehen und Veränderungen herbeizuführen. Doch dies sollte nicht unvorbereitet geschehen.

Gehen oder bleiben?

Die Frage »Gehen oder bleiben?« ist wohl die schwierigste. Sie stellt sich vor allem dann, wenn oft erfolglos versucht wurde Probleme und Konflikte zu besprechen und zu lösen. Auch gut gemeinte Ratschläge, doch durchzuhalten und ein bisschen Geduld aufzubringen, mit der es zukünftig sicher besser gehen werde, können vielfach an der Ausgangsfrage nichts ändern. Die Beantwortung dieser Frage birgt in sich Ängste, denn hier steht die eigene Zukunft auf dem Spiel. Die Zukunft, die eine gemeinsame sein sollte, gerät ins Wanken, wird in Frage gestellt. Solch eine Situation zieht Betroffenen den Boden unter den Füßen weg und stellt damit auch einen Lebensplan in Frage. Sicher, es gibt immer gute Gründe, alles beim Alten zu belassen: der Kinder wegen, der beruflichen Karriere oder der Aufenthaltserlaubnis des Partners wegen, der Nachbarn, der Freunde oder der Eltern wegen. Aber ist das nicht ein zu hoher Preis? Vielmehr sollte an die Möglichkeiten gedacht werden, die in der Zukunft liegen. Moralvorstellungen der Familie und des Freundeskreises helfen dabei nicht, ebenso wenig Drohungen des Ehepartners, die einzig und allein das Ziel verfolgen, den Status quo zu belassen.

Für viele binationale Paare kann eine Welt einstürzen, insbesondere dann, wenn die Familie und der Freundeskreis mit der Partnerwahl nicht einverstanden waren. Sollten sie alle Recht gehabt haben mit ihren Prophezeiungen, dass solch eine Ehe von Anfang an zum Scheitern verurteilt ist? Die Sorge, damit den Gegnern einer binationalen Verbindung Recht zu geben, darf nicht dazu führen, an etwas festzuhalten, was nicht mehr besteht bzw. unerträglich geworden ist. Ist nach vielen Überlegungen und

Abwägungen die Trennungsentscheidung bereits gefallen, dann kommt es darauf an deutlich zu machen, aus welchen Gründen die Ehe nicht mehr fortgeführt werden kann. Es gilt somit Revue passieren zu lassen, zu überlegen, welche Unzufriedenheiten vorliegen und welche Vorstellungen und Wünsche für die Zukunft bestehen. Dies erfordert Zeit und Ruhe, auch wenn zu bedenken ist, dass Entscheidungen, die hinausgezögert werden, bestehende Probleme zum Eskalieren bringen können. Je länger gewartet wird, umso stärker wird riskiert, dass kein vernünftiges Gespräch mehr miteinander geführt werden kann und nur noch mit gereiztem Unterton, gespickt mit Vorwürfen, gegenseitigen Anschuldigungen und Drohungen kommuniziert wird. Grundsätzlich liegt der Vorteil einer Trennung darin die Möglichkeit zu erhalten, Distanz zum aktuellen Geschehen zu bekommen und in Ruhe zu überdenken, ob der Ehe noch eine Chance gegeben werden soll.

Die Trennung planen

Zunächst gilt es, sich auf die eigenen Fähigkeiten zu besinnen, Ressourcen aufzudecken und die Möglichkeiten zu sichten, die für ein neues Leben ohne den bisherigen Partner/die bisherige Partnerin bestehen. Häufig gibt es allerdings unterschiedliche Sichtweisen bezüglich des Zustands der Ehe: Während ein Partner die Ehe fortsetzen will, hat der/die andere sich zur Trennung entschlossen. Manchmal formuliert der Partner/die Partnerin Drohungen um zu verunsichern oder Angst zu schüren. Diese Drohungen sollten ernst genommen werden und dazu führen, sich umgehend kompetenten Rat bzw. Rechtsauskünfte bei Anwälten/innen einzuholen. Es lohnt sich erfahrungsgemäß nicht, auf Drohungen mit Bitten und Gegendrohungen zu reagieren. Am häufigsten geht es um folgende Themen:

- Wer zahlt wem Unterhalt?
- Wie ist die Krankenvorsorge und Altersvorsorge geregelt?
- Wer erhält die Ehewohnung und den Hausrat?
- Bei wem bleiben gemeinsame Kinder?
- Der ausländische Partner droht die Kinder ins Ausland zu bringen.
- Der inländische Partner droht eine Ausweisung ins Herkunftsland zu veranlassen.

Einige dieser Themen lassen sich auch mit Hilfe eines Anwaltes/einer Anwältin regeln.

Die Trennungszeit regeln

Vor Einreichung des Scheidungsantrages ist im Normalfall eine einjährige Trennungszeit einzuhalten. Auch vor Ablauf eines Jahres kann der Scheidungsantrag eingereicht werden, wenn Gründe in der Person des einen Ehegatten dazu führen, dass es für den anderen unzumutbar ist, die Ehe aufrecht zu erhalten (z.B. wenn Gewalt, sexueller Missbrauch oder eine Straffälligkeit des Partners vorliegen). Nach mindestens einem Jahr Trennung geht das Familiengericht davon aus, dass die Ehe zerrüttet ist. Dieser Annahme kann ein Ehepartner widersprechen, z.B. indem er bestreitet, dass die Trennungszeit bereits abgelaufen ist. Spätestens nach drei Jahren wird unwiderlegbar vermutet, dass die Ehe zerrüttet ist, selbst wenn ein Ehepartner immer noch an der Ehe festhalten will. Es geht dabei nicht um die Schuldfrage, sondern um die Zerrüttung, die an der Dauer der Trennungszeit gemessen wird.

Was bedeutet getrennt leben?

Trennung bedeutet, dass keine häusliche Gemeinschaft mehr besteht und die eheliche Lebensgemeinschaft auch für den anderen erkennbar aufgehoben ist. Oft zieht einer der beiden Ehepartner aus, aber das Getrennt-Leben kann auch in der Ehewohnung stattfinden. Dann müssen die Lebensbereiche so aufgeteilt werden, dass jeder seinen persönlichen Bereich selbst regelt und nicht mehr gemeinsam gewirtschaftet wird, z.B. indem jeder Ehepartner sich sein eigenes Zimmer einrichtet und nur Küche sowie Bad nach Absprache gemeinsam benutzt werden.

Anne ist seit fünf Jahren mit Janusz aus Ungarn verheiratet. Sie haben ein Kind. Weil es immer wieder zu lautstarken Streitigkeiten kommt, die auch manchmal in Handgreiflichkeiten enden, will Anne die Ehe beenden. Sie traut sich nicht, ihrem Mann dies zu sagen. Sie erzählt ihm, sie wolle zur Erholung einige Wochen bei ihrer Mutter verbringen. Nach sechs Wochen geht sie zum Anwalt und berichtet diesem, sie lebe seit sechs Wochen getrennt von ihrem Ehemann.

Aber: Die Trennungszeit beginnt nicht dann, wenn das Paar von Tisch und Bett getrennt ist, sondern erst, wenn der Partner oder die Partnerin von der Trennungsabsicht weiß.

Eine Trennung im Sinne des Gesetzes liegt ebenfalls nicht vor, wenn eine Frau, die mit ihrem ausländischen Ehemann in dessen Heimat lebt, einen Heimatbesuch antritt, von welchem sie nicht zurückkommt. Dem Ehemann muss deutlich mitgeteilt werden, dass die Ehefrau sich von ihm getrennt hat. Um dies zweifelsfrei klarzustellen, sollte am besten dem Ehepartner/der Ehepartnerin ein Brief geschrieben werden, in dem unmissverständlich dargelegt wird, dass man von nun an getrennt leben wolle. Der Brief sollte möglichst unter Zeugen übergeben oder mit einem Einschreiben/Rückschein versandt werden. Damit ist der feste Termin der Trennungszeit nachweisbar. Von einer mündlichen Mitteilung unter vier Augen ist eher Abstand zu nehmen, da der andere Ehegatte im Nachhinein bestreiten kann, von der erfolgten Trennung gewusst zu haben.

Natürlich kann bereits in der Trennungszeit ein Anwalt hinzugezogen werden, insbesondere dann, wenn man sich sicher ist, dass man sich scheiden lassen will, denn für die Scheidung wird ohnehin ein Anwalt benötigt. Dieser kann bereits den Brief schreiben, in welchem er den Beginn der Trennung festlegt und die zu klärenden Scheidungsfolgen anspricht.

Wer zahlt wem Unterhalt?

Einer der großen Streitpunkte zwischen Ehepaaren stellen die Unterhaltszahlungen dar. In der Zeit der intakten Ehe bestand eine Verpflichtung gemeinsam zum Familienunterhalt beizutragen. Während der Trennungszeit entsteht nun ein einseitiger Anspruch auf Zahlungen vom Finanzkräftigen an den Bedürftigen. Der bedürftige Ehegatte hat den Anspruch auf angemessene Zahlung, so dass der gewohnte Lebensstandard fortgeführt werden kann. Besteht ein Anspruch auf Trennungsunterhalt, so kann hierauf während der Trennungszeit wirksam nicht verzichtet werden. Es ist vom Ehegatten z.B. nicht unbedingt zu erwarten, dass er sofort eine Arbeitsstelle annimmt. Grundsätzlich wird der Trennungsunterhalt nur bei Bedürftigkeit gezahlt, d.h. wer selbst ausreichend Geld verdient, erhält keine Unterhaltszahlungen vom Ehepartner/von der Ehepartnerin.

Um den Unterhalt berechnen zu können, hat der unterhaltsverpflichtete Ehegatte Auskunft über sein Einkommen zu erteilen. Hierzu ist er gesetzlich verpflichtet. Als Arbeitnehmer legt er Gehaltsbescheinigungen der letzten zwölf Monate vor; bei Selbständigen berechnet sich der Unterhalt in der Regel aus dem Einkommen der letzten drei Jahre. Bei Selbständigen besteht oft die Schwierigkeit, unterhaltsrelevantes Einkommen zu ermitteln, weil diese Beträge als Betriebsausgaben geltend gemacht werden können, was Arbeitnehmern nicht möglich ist.

Die Berechnung des Unterhalts basiert auf dem bereinigten durchschnittlichen monatlichen Nettoeinkommen. Hierunter ist das Einkommen abzüglich aller Abzüge zu verstehen.

Zum Einkommen gehören:
- das monatliche Arbeitseinkommen zuzüglich arbeitsrechtlicher Gratifikationen wie Urlaubs- und Weihnachtsgeld;
- Einkünfte aus Kapitalanlagen wie Zinsen, Dividenden;
- Steuerrückvergütungen;
- Arbeitslosengeld;
- Arbeitslosenhilfe;
- Einkünfte aus Vermietung.

Von diesem Einkommen sind abzuziehen:
- Einkommenssteuern;
- Unterhaltszahlungen an die Kinder;
- Unterhaltszahlungen an vorherige Ehegatten;
- berufsbedingte Aufwendungen, z.B. für Arbeitskleidung, Fortbildungskosten. Hierfür sehen einige Gerichte einen Pauschalbetrag von 5 % vor, andere verlangen Einzelnachweise.
- Leistungen für Krankenversicherung und Altersversorgung;
- Schulden, wenn sie ehebedingt sind, d.h. dass von dem Darlehenskapital auch der andere Ehegatte profitierte, beispielsweise durch eine gemeinsame Urlaubsreise, den Kauf eines Autos oder die Einrichtung der Wohnung. Kreditraten werden dann nicht berücksichtigt, wenn das Darlehen in das Heimatland des Partners/der Partnerin geflossen ist, um dort z.B. ein Haus zu kaufen. In diesem Fall kann der deutsche Ehepartner/die deutsche Ehepartnerin ohnehin kaum damit rechnen, aus dieser Kapitalanlage noch einmal Nutzen zu ziehen.

Der Betrag, der auf diese Weise berechnet wird, ist das bereinigte Nettoeinkommen. Hiervon hat der Unterhaltsverpflichtete 3/7 an den bedürftigen Ehegatten abzugeben, so dass ihm selbst 4/7 verbleiben. Dies wird begründet mit dem Erwerbstätigenbonus von 1/7, d.h. dem Unterhaltsverpflichteten verbleiben nur solange 4/7 des bereinigten Nettoeinkommens wie er erwerbstätig ist. Fällt die Erwerbstätigkeit weg, so beträgt der Unterhaltsanspruch die Hälfte des bereinigten Nettoeinkommens.

Wichtig! Der Unterhaltsanspruch richtet sich nach den konkreten ehelichen Lebensverhältnissen, d.h. wer es sich bisher leisten konnte, viel Geld auszugeben, der kann auch weiterhin hohe Ansprüche stellen. Daher sollte ein kompetenter Anwalt/eine kompetente Anwältin eingeschaltet werden, um sich ein genaues Bild über den Trennungsunterhalt zu verschaffen und um entsprechende Forderungen zu stellen. Nur er/sie ist in der Lage auch die Vielzahl der hierzu ergangenen Rechtsentscheidungen adäquat zu berücksichtigen. Die Ausführungen in diesem Ratgeber können nur eine grobe Orientierung darstellen. Eine genaue Berechnung kann nur auf der Grundlage der individuellen Lebenssituation erfolgen.

Krankenvorsorge und Altersvorsorge

Die Trennungszeit ändert in der Regel nichts an der bisherigen Krankenvorsorge. Ist der unterhaltsberechtigte Ehegatte nicht selbst berufstätig und daher selbst versichert, bleibt er weiterhin bei seinem Ehegatten beitragsfrei mitversichert. Es empfiehlt sich jedoch, dies direkt mit der Krankenkasse zu klären, da es unter Umständen schon zu diesem Zeitpunkt möglich sein kann, eine eigene Krankenversicherung auch für die Kinder abzuschließen. Die entstehenden Kosten werden für die Trennungszeit beim Unterhaltsanspruch geltend gemacht. Auf jeden Fall ist nach der rechtskräftigen Ehescheidung eine eigene Krankenversicherung erforderlich.

Mit der Scheidung wird der sogenannte Versorgungsausgleich durchgeführt, d.h. die in der Ehe erworbenen Anwartschaften auf eine Alterssicherung oder Lebensversicherung auf Rentenbasis werden gegenseitig aufgerechnet und die Hälfte der Differenz dem Ehepartner gutgeschrieben, der über geringere Anwartschaften verfügt. Es erfolgt somit keine Auszahlung, sondern eine Gutschrift auf dem Rentenkonto (siehe Kapitel »Die Scheidungsfolgen«). Dieser Ausgleich kann nur vorgenommen werden, wenn Anwartschaften bestehen. Nichtdeutsche haben die Möglichkeit, sich eigene Anwartschaften auszahlen zu lassen und das Geld z.B. ins Ausland zu transferieren. Für solch eine Auszahlung ist die Zustimmung des Ehegatten nicht notwendig. So erfährt dieser meist erst davon, wenn es zu spät ist, d.h. bei der Scheidung, wenn der Versorgungsausgleich nicht durchgeführt werden kann.

Wichtig! Um eine vorzeitige einseitige Auszahlung zu verhindern, sollte die Bundesversicherungsanstalt bzw. die Landesversicherungsanstalt über die Trennung und über die eventuell anstehende Scheidung und damit einen durchzuführenden Versorgungsausgleich informiert werden.

Wer erhält die Ehewohnung?

Wie bei vielen Dingen im Leben wäre es am günstigsten, wenn die Eheleute allein eine Lösung finden würden. Aber gerade in der Trennungsphase gibt es oft große Streitereien darüber, wer was behält, und die Machtfrage verbietet es dann sozusagen nachzugeben. Sollte untereinander über die weitere Nutzung der Ehewohnung keine Einigung zu erzielen sein, so kann ein entsprechender Antrag an das Familiengericht gestellt werden. Der Streitwert für diesen Verfahrensteil beträgt die Jahreskaltmiete, die Kosten für ein Wohnungszuweisungsverfahren sind daher ziemlich hoch.

Das Gericht hat auch die Möglichkeit, die Ehewohnung unter den Ehepartnern aufzuteilen und die Zimmer entsprechend zuzuweisen, vor allem wenn es die Wohnverhältnisse erlauben. Eine Zuweisung der Ehewohnung unter Ausschluss des anderen Ehegatten für die Zeit der Trennung ist relativ schwierig zu erreichen, weil dadurch dem anderen Ehegatten Obdachlosigkeit droht und der Familienrichter nicht die Voraussetzungen für eine Ehescheidung (Trennungsjahr) schaffen will.

Liegen erhebliche Misshandlungen der Frau vor, so ist aber auch schon für die Zeit der Trennung eine gerichtliche Zuweisung der Ehewohnung zu erlangen, insbesondere wenn Kinder involviert sind. Das Problem bei diesen Verfahren besteht zumeist darin, erfahrene Gewaltanwendungen zu beweisen. Deshalb ist es notwendig – zumal wenn keine Zeugen vorhanden sind –, sich über die körperlichen Spuren dieser Misshandlungen bei einem Arzt ein Attest ausstellen zu lassen. Gewalt in der Ehe, die von Männern gegen Frauen ausgeübt wird, besteht in einem erschreckend hohen Maße. Von einer Frau zu verlangen, weiterhin die Wohnung mit einem prügelnden Ehemann zu teilen, ist schlicht unmöglich. Frauen in einer solchen Situation sollten auf jeden Fall so schnell wie möglich Distanz herstellen, selbst wenn sie zunächst mit den Kindern in die beengten Verhältnisse eines Frauenhauses ziehen müssen. Erfahrungsgemäß bedeutet das allerdings, dass sie nicht in die Ehewohnung zurückkehren, sondern meist vom Frauenhaus in eine andere, eigene Wohnung ziehen.

Die Chancen einer Zuweisung der Ehewohnung für die Zeit nach der Scheidung sind gut, wenn sie von der Ehefrau für sich und ihre Kinder beantragt wird.

Bei wem bleiben gemeinsame Kinder?

Eltern kämpfen oft erbittert um die Kinder. Dabei geht es nicht immer nur um das Wohl des Kindes. Kränkungen im Zusammenhang mit der Trennung lassen starke Emotionen hochkommen und führen oft dazu, Streitereien auf dem Rücken der Kinder auszutragen. Angereichert sind solche schwierigen Situationen oft mit Ängsten seitens des Elternteils, der erst einmal ohne die Kinder auskommen muss. Befürchtungen quälen, dass die Kinder nicht regelmäßig zu Besuch kommen werden, dass sie ihn vergessen könnten und dass der Kontakt zu den Kindern leiden, ja sogar unterbunden werden könnte. Dieser Druck kann verringert werden, indem sich die Eltern so früh wie möglich darüber einigen, wo die Kinder leben sollen und eine entsprechende Vereinbarung über die Umgangsregelung treffen.

Grundsätzlich behalten seit der Reform des Kindschaftsrechts vom 01.07.1998 die Eltern auch nach einer Trennung gemeinsam die elterliche Sorge für ihre Kinder. Rechtlich gesehen bleibt also alles beim Alten. Die Eltern tragen weiterhin gemeinsam die Verantwortung für die Kinder. Wünscht ein Elternteil die alleinige elterliche Sorge für die Kinder, so ist ein entsprechender Antrag an das Familiengericht zu stellen. Das Familiengericht überträgt die alleinige elterliche Sorge nur dann, wenn äußerst wichtige Gründe vorliegen und wenn beim Weiterführen der gemeinsamen elterlichen Sorge das Wohl des Kindes gefährdet wäre. Sexueller Missbrauch durch einen Elternteil, nachgewiesene wiederholte grobe Vernachlässigung der Kinder oder eine befürchtete Kindesmitnahme ins Ausland können beispielsweise solche Gründe darstellen.

Die gemeinsame elterliche Sorge kann in der Praxis bei anhaltender Trennung nicht von beiden Elternteilen so umfassend wahrgenommen werden, wie wenn die Eltern noch als Paar zusammen wohnen würden. Realistisch gesehen – und auch rechtlich entsprechend geregelt – kann der Elternteil, bei dem die Kinder nicht wohnen, nur dann mitbestimmen, wenn es um wesentliche Angelegenheiten der elterlichen Sorge geht. Die Grundentscheidung, wo die Kinder leben sollen, ist gemeinsam zu fällen, aber Entscheidungen des Alltags trifft der Elternteil, bei dem die Kinder leben, allein. Hierzu zählen beispielsweise ein Besuch bei den Großeltern, bei Nachbarn, eine Fahrt ins Ferienlager, ein Arztbesuch bei einer leichten Erkrankung wie Grippe oder der routinemäßige Zahnarztbesuch. Steht aber eine Operation an, ein Schulwechsel, die Bestimmung der Schulform oder die erste Fremdsprache, so ist die Entscheidung hierüber gemeinsam von beiden Elternteilen zu treffen.

Dass solche Entscheidungen nicht immer einfach sind, insbesondere wenn Eltern gleichzeitig beträchtliche Konflikte als Paar miteinander austragen, ist nachvollziehbar. Trotzdem obliegt ihnen die Aufgabe, grundlegende Entscheidungen hinsichtlich des Wohles der Kinder miteinander zu besprechen und zu treffen. Ist eine Einigung der Eltern hinsichtlich eines Einzelkonfliktes trotz vielfachen Versuches nicht möglich, so kann ein Elternteil beantragen, dass ihm die alleinige Entscheidungsbefugnis zu dieser bestimmten Frage übertragen wird.

Bei Schwierigkeiten und Konflikten sollten Eltern Hilfe in Anspruch nehmen. Die erste Anlaufstelle ist stets das Jugendamt, das gegebenenfalls auch an geeignete Beratungsstellen verweist. Stellen sich Probleme bei der Durchführung des Umgangs ein oder ist eine Kindesmitnahme zu befürchten, so sieht die Kindschaftsrechtsreform die Möglichkeit eines begleiteten Umgangs vor (siehe auch Kapitel »Kinder«).

Androhung einer Kindesmitnahme

Binationale Familien mit Kindern müssen zusätzlich zu dem allgemeinen Trennungsstress oft mit der großen Angst umgehen, dass der nichtdeutsche Partner die gemeinsamen Kinder in sein Herkunftsland mitnehmen könnte. Drohungen dieser Art sind vielleicht schon oft im Streit gefallen, ob sie aber in die Tat umgesetzt werden, kann niemand vorhersehen. Zumindest gedanklich scheint diese Möglichkeit in Betracht gezogen zu werden. Deshalb sollten Drohungen dieser Art stets ernst genommen und um Unterstützung – beispielsweise bei Beratungsstellen – nachgefragt werden. Vielfach ist es hilfreich dieses Problem mit einem außenstehenden Menschen zu erörtern und vor allem dahingehend zu untersuchen, ob eine Kindesmitnahme wirklich realistisch ist.

Sollte in der vorliegenden Situation zumindest das Aufenthaltsbestimmungsrecht beantragt werden, um bei Bedarf weitere rechtliche Möglichkeiten in der Hand zu haben? Dies will gut überlegt sein. Vorschnelles Handeln verringert nicht die Gefahr der Kindesmitnahme. Und: Einen absoluten Schutz davor gibt es nicht! (Nähere Ausführungen im Kapitel »Kinder«.)

Androhung einer Ausweisung

In einigen Fällen droht der inländische Partner an, eine Ausweisung ins Herkunftsland zu veranlassen. Aufgrund dieser Drohung halten vor allem nichtdeutsche Frauen oftmals länger als nötig in einer Ehe aus. Es ist dringend anzuraten sich nicht allein auf die Auskünfte des Ehemannes zu verlassen, sondern gezielt Informationen – beispielsweise bei Beratungsstellen – einzuholen.

Gemäß § 19 des zurzeit gültigen Ausländergesetzes (AuslG) erhalten Ausländer/-innen, die im Rahmen der Familienzusammenführung nach Deutschland gekommen sind und eine Aufenthaltserlaubnis erhalten haben, erst nach zwei Jahren ehelicher Lebensgemeinschaft ein eigenständiges, d.h. von der Ehe und damit vom Ehegatten unabhängiges Aufenthaltsrecht. Die Zeit, in der die Ehe im Ausland geführt wurde, wird nicht gerechnet. Gezählt wird erst ab dem Zeitpunkt, in dem der/die nachgezogene Ehegatte/Ehegattin im Besitz einer Aufenthaltserlaubnis ist, bei Einreise ab dem Einreisedatum. Auch Zeiten der Duldung bleiben unberücksichtigt.

Wichtig ist zu wissen, dass die gesetzlich vorgeschriebene eheliche Lebensgemeinschaft von den Behörden meist als häusliche Gemeinschaft interpretiert wird. Folglich wird eine Trennung vielfach als eine Unterbrechung des Aufenthaltes angesehen. Erfolgt diese vor Ablauf von zwei Jahren gemessen ab der Erteilung der Aufenthaltserlaubnis bzw. der Einreise, so kann die Ausländerbehörde den Aufenthalt beenden und zur Ausreise auffordern. Die gleiche Maßnahme erhebt die Ausländerbehörde, wenn z.B. eine Abmeldung oder Ummeldung beim Einwohnermeldeamt vorliegt oder der Ehepartner die Ausländerbehörde darüber unterrichtet, dass die Ehepartnerin nicht mehr in ehelicher Gemeinschaft mit ihm lebe. Insofern lebt der/die nachgezogene Partner/-in in den ersten zwei Jahren in einem Abhängigkeitsverhältnis zum deutschen bzw. zum aufenthaltsberechtigten Partner. Auf den Nachweis von Ehebestandszeiten wird nur dann verzichtet, wenn ein Härtefall, eine sogenannte besondere Härte, vorliegt. Die besondere Härte wird insbesondere dann als gegeben angesehen, wenn beispielsweise die Ehefrau Misshandlungen durch den Ehemann glaubhaft machen kann. Die Beweislast liegt dann allerdings bei der Frau, die erfahrene Gewalt mit Hilfe von Zeugen/-innen und Attesten nachweisen muss. Weitere Gründe sind sexuelle Gewalt oder Missbrauch der in der Ehe lebenden Kinder, drohende gesellschaftliche Diskriminierung im Rückkehrland, Zwangsabtreibung oder die Betreuung eines behinderten Kindes.

Der Bezug von Sozialhilfe soll im ersten Jahr nach Eigenständigwerden des Aufenthalts keinen Hinderungsgrund für den Weiterbestand der Aufenthaltserlaubnis darstellen. Anschließend muss der Lebensunterhalt aber ohne Sozialhilfe bestritten werden können.

Eine Trennung wirkt sich nicht nachteilig auf den Aufenthalt aus, wenn der/die nachgezogene Ehegatte/Ehegattin nicht mit einem/einer Deutschen, sondern mit einem/einer EU-Bürger/-in aus einem anderen Land verheiratet ist. Familienangehörige von EU-Bürger/-innen erhalten eine Aufenthaltserlaubnis nach dem Aufenthaltsgesetz/EWG und nicht nach dem Ausländergesetz (AuslG). Hiernach bleibt der Aufenthalt auch bei einer Trennung der ehelichen Lebensgemeinschaft unberührt. Erst die Beendigung der Ehe, also die rechtskräftige Scheidung, kann die Beendigung des Aufenthaltes nach sich ziehen, wenn die Ehe kürzer als zwei Jahre dauerte.

Ein weiterer Grund, der auch nach kurzer Ehedauer den Verbleib des nichtdeutschen Ehegatten im Bundesgebiet ermöglichen kann, ist die Existenz eines gemeinsamen Kindes, das die deutsche Staatsangehörigkeit besitzt. Dies ist dann der Fall, wenn ein Elternteil deutsch ist. Für dieses Kind haben beide Elternteile die Personensorge, somit auch der nichtdeutsche. Die Ausübung der Personensorge begründet einen Rechtsanspruch auf Erteilung einer Aufenthaltserlaubnis (§ 23 AuslG). Allerdings gilt auch hierbei analog zur ehelichen Lebensgemeinschaft, dass das bloße Innehaben der Personensorge allein keine Aufenthaltserlaubnis nach sich zieht, sondern vielmehr der Nachweis über die inhaltliche Ausgestaltung der Sorgepflicht. Am günstigsten ist es, wenn der nichtdeutsche Elternteil mit dem Kind in häuslicher Gemeinschaft lebt. Ansonsten ist von ihm nachzuweisen, dass er/sie regelmäßig mit dem Kind zusammenkommt und in entscheidendem Maße an der Betreuung und Erziehung mitwirkt.

Gewaltschutz

Am 01.01.2002 ist nach langjährigen Diskussionen das Gewaltschutzgesetz (GewSchG) in Kraft getreten. Mit diesem neuen Gesetz soll der zivilrechtliche Schutz vor Gewalttaten, Bedrohungen und Nachstellungen im privaten Umfeld verbessert und die Überlassung der gemeinsamen Wohnung bei Gewalttätigkeiten durch den Partner erleichtert werden.

Kontakt- und Näherungsverbot

Jede von Gewalttätigkeiten, Belästigungen und Bedrohungen betroffene Person kann einen Antrag beim Familiengericht stellen um zu erreichen, dass der Täter künftig jegliche Form der Belästigung unterlässt. Vor allem Frauen, die oft Belästigungen, Nachstellungen und Telefonterror ausgesetzt sind, haben mit diesen Regelungen bessere Möglichkeiten erhalten sich dagegen wehren zu können.

Bei einem Antrag nach dem GewSchG besteht kein Anwaltzwang. Der Antrag kann also von der/dem Betroffenen selbst vor dem Familiengericht gestellt werden. Bei Personen mit einem niedrigen Einkommen besteht ein Anspruch auf Prozesskostenhilfe, so dass die Kosten des Anwaltes gegebenenfalls übernommen werden.

Die Angaben über die Belästigungen sollten sehr präzise und ausführlich formuliert werden. Ärztliche Atteste oder Angaben über Zeugen sind als Beweismittel sehr hilfreich. Wenn ein gerichtlicher Beschluss ergeht, wird darin genau ausgeführt, was der Täter im Einzelnen zu unterlassen hat, zum Beispiel das Betreten bestimmter Orte oder sich der Person zu nähern. Möglich ist auch, jegliche Form der Kontaktaufnahme zu untersagen. Dazu kann neben der persönlichen Kontaktaufnahme die schriftliche oder telefonische oder auch das Senden einer SMS zählen.

Der gerichtliche Beschluss kann mit der Strafandrohung einer Freiheitsstrafe von bis zu einem Jahr oder einer Geldstrafe erfolgen. Das bedeutet, dass Täter bei einem Verstoß mit strafrechtlichen Konsequenzen zu rechnen haben. Ein Beschluss nach dem GewSchG ist immer befristet, die Fristen können aber verlängert werden.

Überlassung der Wohnung

Bislang gab es nur für verheiratete Paare die Möglichkeit, bei Gewalttätigkeiten eines Partners die Überlassung der Wohnung zu beantragen. Das Gewaltschutzgesetz hingegen sieht für alle auf Dauer angelegten Lebensgemeinschaften diesen Weg vor. Vor allem wenn Kinder im Haushalt leben, sind die Voraussetzungen für eine Wohnungsüberlassung durch das GewSchG erleichtert worden.

Um weitere Gewalttätigkeiten in einer gemeinsam genutzten Wohnung zu vermeiden, kann die betroffene Person einen Antrag auf Überlassung der Wohnung vor dem Familiengericht stellen, am günstigsten mit Hilfe eines Anwaltes/einer Anwältin. Nach Möglichkeit sollten ärztliche Atteste vorgelegt oder Zeugen benannt werden.

Selbst wenn der Täter der Eigentümer oder alleiniger Mieter der Wohnung ist, kann das Gericht eine Überlassung der Wohnung beschließen. Die Überlassung erfolgt dann allerdings befristet auf sechs Monate. Dadurch bleibt zumindest ein wenig Zeit nach einer anderen Wohnung zu suchen und es entsteht eine Alternative zu einer Frauenhausunterbringung.

Bei einer gemeinsamen Wohnung wird die Überlassung zunächst befristet, bis eine endgültige gerichtliche Regelung gefunden wird.

Bei der Antragstellung für die Überlassung der Wohnung gibt es eine wichtige Frist zu beachten: Die geschädigte Person muss innerhalb von drei Monaten nach der Tat schriftlich die Räumung der Wohnung durch den Täter verlangen. Ergeht ein Beschluss nach dem GewSchG auf Überlassung der Wohnung, hat sich der Täter strikt hieran zu halten.

Versöhnung

Die Zeit der Trennung dient dazu, sich Klarheit über den tatsächlichen Zustand der Ehe zu verschaffen. Wird die Ehe als zerrüttet, als nicht reparabel angesehen, so wird konsequenterweise die Scheidung beantragt. Besteht nach reiflicher Überlegung ernsthaft der Wille die eheliche Lebens- und Wirtschaftsgemeinschaft wieder aufzunehmen, so wird die Trennungszeit gestoppt oder der Scheidungsantrag zurückgezogen.

Dieser ernsthafte Wille ist nach außen deutlich zu machen, zum Beispiel durch den Einzug in die eheliche Wohnung, durch die Aufnahme der häuslichen Gemeinschaft und durch das Zusammenleben über einen längeren Zeitraum. In der Regel wird davon ausgegangen, dass eine Versöhnung vorliegt, wenn das Paar mehr als drei Monate zusammenlebt. Gelegentliche Besuche, eine von vornherein vereinbarte Befristung wie zum Beispiel ein gemeinsamer Urlaub oder auch einmaliger Geschlechtsverkehr sind keine ausreichenden Indizien für die Unterbrechung bzw. Aufhebung der Trennung.

Die Scheidung

Die richtige Anwältin/der richtige Anwalt

Verlief die Trennungszeit ohne anwaltliche Beratung und Unterstützung, so besteht nun für ein Scheidungsverfahren in Deutschland Anwaltszwang. Dies gilt sowohl für die Einreichung des Scheidungsantrags beim zuständigen Familiengericht als auch für die Antragstellung zum Unterhalt oder zum Verzicht auf die Durchführung des Versorgungsausgleichs; genauso ist ein Anwalt nötig um sich gegen die Durchführung der Scheidung selbst zu wenden.

Wer noch nie mit einem Anwalt/einer Anwältin zu tun hatte, sollte sich an die örtliche Anwaltskammer wenden und dort nach Rechtsanwälten/-innen fragen, die sich auf das Familienrecht spezialisiert haben. Seit einigen Jahren gibt es auch Fachanwälte für Familienrecht. Zudem ist es in binationalen Angelegenheiten häufig hilfreich, wenn der Anwalt/die Anwältin auch über Kenntnisse des Ausländerrechts verfügt, um ausländerrechtliche Konsequenzen zu kennen und entsprechend beraten zu können.

Zahlenmäßig sind es meistens die Frauen, die das Scheidungsverfahren mit einem Antrag beim Familiengericht beginnen und somit zuerst einen Anwalt/eine Anwältin aufsuchen, obgleich sie große Angst haben, weil ihnen das gesamte Verfahren unbekannt ist.

Jeder Anwalt und jede Anwältin ist gesetzlich zur Verschwiegenheit verpflichtet. Alles, was ihm/ihr anvertraut wird, dringt nicht über das Besprechungszimmer hinaus, es sei denn, es wird ausdrücklich gewünscht. Da mit ihm/ihr über eine längere Zeit zusammengearbeitet wird, ist es wichtig, dass eine Vertrauensbasis entsteht. Deshalb sollten Fragen auch zum Verhalten des Anwalts/der Anwältin offen angesprochen werden. Nicht jeder Vorschlag des Rechtsanwaltes/der Rechtsanwältin ist unhinterfragt anzunehmen, denn letztendlich trifft die Entscheidung stets die Mandantin/der Mandant. Der Anwalt bzw. die Anwältin gibt Informationen und Entscheidungshilfen.

Bei dem ersten Beratungsgespräch in der Anwaltskanzlei wird der Anwalt/die Anwältin einige Informationen aufnehmen, wie zum Beispiel Nationalität der Ehepartner, Aufenthaltsstatus des ausländischen Partners, Datum und Ort der Eheschließung, Name und Geburtsdaten der Kinder, Beruf und Einkommen beider Ehegatten – diese Fragen stellt er/sie nicht aus Neugier, sondern um sich ein Bild von der Situation der Familie machen zu können.

Der Anwalt/die Anwältin informiert über:

- das Internationale Familienrecht (IPR);
- die Voraussetzungen für eine Scheidung;
- das Scheidungsverfahren;
- die Scheidungsfolgen;
- die Kosten.

Welches Recht gilt für binationale Familien?

Bei binationalen Paaren kommt jeder Ehepartner aus einer anderen Rechtsordnung, wobei beide Rechtskreise unterschiedliche Auffassungen über die Rechte und Pflichten von Mann und Frau haben können. In fast allen Ländern gibt es ein »Internationales Privatrecht«. Es regelt, welches Recht in einer binationalen Ehe zur Anwendung kommt: das des Mannes oder das der Frau. Es sollte realisiert werden, dass jedes nationale Recht an den Grenzen des jeweiligen Landes endet. Jedes Gericht geht von den Gesetzen des jeweils eigenen Landes aus. Ist es aufgrund seines eigenen Internationalen Privatrechts gehalten ausländisches Recht anzuwenden, so ist ihm dies nur soweit möglich, wie Informationen über das ausländische Recht vorliegen und nur soweit, wie das Gericht es versteht.

Rufen Paare unterschiedlicher Nationalität ein Familiengericht in Deutschland an, so sieht das deutsche Internationale Privatrecht für die in Deutschland lebenden Familien zur Frage, welches Recht angewendet werden soll, laut Art. 14 EGBGB (Einführungsgesetz zum Bürgerlichen Gesetzbuch) folgende Stufenregelung vor:

- Erste Stufe: gemeinsame Staatsangehörigkeit (z.B. deutsch/deutsch, türkisch/türkisch usw.).
  Bei gleicher Staatsangehörigkeit gilt das gemeinsame Heimatrecht. Daraus folgt, dass ein deutsches Familiengericht zum Beispiel bei einem griechischem Ehepaar für die Scheidung griechisches Recht anwenden muss; bei einem türkischem Ehepaar türkisches Scheidungsrecht.

- Zweite Stufe: gemeinsamer gewöhnlicher Aufenthalt.
  Haben die Ehegatten keine gemeinsame Staatsangehörigkeit, so ist das Recht des Staates maßgebend, in welchem sie ihren gewöhnlichen Auf-

enthalt haben oder während der Ehe zuletzt gehabt haben, wenn einer von ihnen dort noch seinen gewöhnlichen Aufenthalt hat. Das bedeutet, dass bei Ehen, in denen zwei verschiedene Staatsangehörigkeiten vorliegen (z.B. deutsch/türkisch, türkisch/französisch) deutsches Recht angewandt wird, wenn die Familie in Deutschland zuletzt zusammen gelebt hat. Diese Regelung gilt erst seit der Reform des Internationalen Privatrechts im Jahre 1986.
Eine Ehe zwischen einer deutschen Frau und einem türkischen Mann oder zwischen einer brasilianischen Frau und einem deutschen Mann richtet sich somit nach deutschem Recht, wenn die Paare in Deutschland leben. Das bedeutet aber auch, dass zum Beispiel auf eine deutsch/türkische Ehe, die in der Türkei geführt wurde, türkisches Recht angewendet wird, auch dann, wenn die deutsche Frau nach Deutschland zurückkehrt und hier ein deutsches Gericht anruft.

- Dritte Stufe: gemeinsame engste Verbundenheit.
  Haben die Ehegatten weder eine gemeinsame Staatsangehörigkeit noch einen gemeinsamen gewöhnlichen Aufenthalt, so gilt das Recht des Staates, dem die Ehegatten auf andere Weise gemeinsam am engsten verbunden sind. Zum Beispiel: In einer deutsch-österreichischen Ehe lebt der Mann in Salzburg, die Frau in Bad Reichenhall. Das Paar trifft sich am Wochenende jeweils bei dem einen oder bei dem anderen. Oder: Paare mit verschiedener Staatsangehörigkeit leben gemeinsam in einem Drittland, trennen sich dort und jeder kehrt in sein eigenes Herkunftsland zurück.

Entscheidend ist somit zumeist, wo die Ehe geführt wurde. Das auf diese Art ermittelte Recht gilt für Rechtsfragen, die während der Ehe auftreten (z.B. wieviel Taschengeld oder Haushaltsgeld eine Ehefrau verlangen kann oder ob ein Ehegatte für den anderen Rechtsgeschäfte abschließen kann etc.), aber auch für den Fall, dass ein Ehepaar sich trennt und scheiden lassen will. Das Recht, nach welchem die Scheidung durchgeführt wird, das sogenannte Scheidungsstatut, wird ebenso nach der oben genannten Stufenregelung bestimmt.

Bei gleicher Nationalität gilt daher das gemeinsame Heimatrecht der Ehegatten, selbst wenn ein Ehepartner nach der Eheschließung eine andere Staatsangehörigkeit angenommen hat. Im Falle unterschiedlicher Nationalität gilt der letzte gemeinsame gewöhnliche Aufenthalt (Art. 17 EGBGB). Kann die Ehe nach diesen Regeln nicht geschieden werden, so können deutsche Gerichte Ehepartner/-innen, die die Scheidung beantragen, nach deutschem Recht scheiden.

Zur Veranschaulichung einige Beispiele:

Eine Philippinin möchte sich von ihrem philippinischen Ehemann scheiden lassen; beide leben in Frankfurt. Bei einer Scheidung muss das deutsche Familiengericht philippinisches Recht anwenden, da eine gemeinsame Staatsangehörigkeit vorliegt. Da das philippinische Recht keine Scheidung kennt, kann die Ehe in Deutschland nicht geschieden werden.

Eine Deutsche, die mit einem Ägypter verheiratet ist und mit ihm in Deutschland lebt, wird nach deutschem Recht geschieden.

Karin S., die mit ihrem türkischen Ehemann in Ankara gelebt und sich von diesem dort getrennt hat, kann nach ihrer Rückkehr nach München die Scheidung zwar dort beantragen, diese wird jedoch nach türkischem Recht durchgeführt.

Monika S., die als Deutsche mit einem Philippinen verheiratet ist und auf den Philippinen gelebt hat, kann in Deutschland nach deutschem Recht geschieden werden, obwohl zunächst das philippinische Recht zur Anwendung käme, das aber keine Scheidung kennt. Art. 17 EGBGB sieht eine Sonderklausel zugunsten von deutschen Staatsangehörigen vor: Wenn sich eine Deutsche oder ein Deutscher nach dem berufenen ausländischen Recht nicht scheiden lassen kann, kann die Scheidung nach deutschem Recht verlangt werden.

Bei Joan S., einer Amerikanerin, die mit ihrem deutschen Ehemann in England gelebt hat, wird die Scheidung nach englischem Recht geprüft.

Maria M., eine Rumänin, heiratet in Bukarest den US-Amerikaner Jim. Dieser verlässt nach der Eheschließung Rumänien und verspricht Maria, sie später nach New York zu holen. Er lässt dann nichts mehr von sich hören. Maria siedelt nach Deutschland über und stellt vor dem deutschen Familiengericht den Scheidungsantrag. Beide haben keine gemeinsame Staatsangehörigkeit und zu keiner Zeit einen gemeinsamen, gewöhnlichen Aufenthalt gehabt, so dass hier zu prüfen ist, mit welchem Staat sie auf andere Weise am engsten verbunden sind. Das könnte zum Beispiel der Staat der Eheschließung sein oder der Staat, in dem beide gemeinsam leben wollten, also New York.

Oft ist es für den beratenden Anwalt/die beratende Anwältin schwierig, eine verbindliche Prognose abzugeben, nach welchem Recht die Scheidung ausgesprochen werden wird. Die Entscheidung hierüber trifft der Familienrichter/die Familienrichterin.

Binationale Paare haben aber auch die Möglichkeit, durch einen notariellen Ehevertrag eine Rechtswahl zu treffen und folglich eines der beiden Heimatrechte für ihre Ehe zu wählen (Siehe auch Kapitel »Der Ehevertrag«).

Wichtig: Die Regelung der Scheidungsfolgen, zum Beispiel Unterhalt, Sorgerecht, Versorgungsausgleich richtet sich immer nach deutschem Recht.

Nichtigkeit und Aufhebung der Ehe

Hin und wieder erreichen uns Anfragen, in denen Menschen erklären, dass sich die erst kürzlich geschlossene Ehe als Irrtum herausstellte, z.B. weil der Angeheiratete unrichtige Angaben über seine Vergangenheit machte oder bereits eine Ehefrau im Herkunftsland hat, mit der er traditionell verheiratet ist. Dann steht schnell die Frage im Raum, ob diese Ehe für nichtig erklärt werden kann. Dies ist nicht möglich. Selbst wenn sie nur für sehr kurze Zeit bestand, ist eine Ehe nur durch eine Scheidung zu beenden.

Nichtigkeitsregeln im Zusammenhang mit Eheschließungen kennt das deutsche Bürgerliche Gesetzbuch (BGB) seit 01.07.1998 nicht mehr. Mit diesem Datum ist die Neuordnung des Eheschließungsrechts in Kraft getreten und löste das bisherige Ehegesetz ab. Dieses wurde 1938 aus dem BGB herausgenommenen und in einem eigenen Gesetz, dem Ehegesetz, zusammengefasst. Die Bestimmungen über das Eingehen und Auflösen der Ehe wurden nun wieder in das BGB zurückgeführt und sind in den Paragraphen 1303 ff. zu finden. Gleichzeitig wurde neben der Scheidung nur die Aufhebung der Ehe als zweite Möglichkeit zur Beendigung einer Ehe in besonderen Fällen belassen (§§ 1313 ff. BGB).

Nach § 1314 BGB kann eine Ehe aufgehoben werden, wenn die Ehe wegen bestehender Hindernisse bzw. Verbote nicht hätte geschlossen werden dürfen. Ein solches Hindernis liegt vor, wenn

- ein Verlobter bereits verheiratet ist (§ 1306 BGB);

- ein enges Verwandtschaftsverhältnis zwischen den Verlobten besteht (§ 1307 BGB);
- die Verlobten noch minderjährig sind (§ 1303 BGB);
- mindestens ein Verlobter geschäftsunfähig ist (§ 1304 BGB);
- die Eheschließung erfolgt ist, ohne dass beide Verlobte anwesend waren (§ 1311 BGB).

Weiterhin kann die Ehe aufgehoben werden, wenn
- ein Ehegatte sich bei der Eheschließung im Zustande der Bewusstlosigkeit oder vorübergehender Störung der Geistestätigkeit befand;
- ein Ehegatte bei der Eheschließung nicht gewusst hat, dass es sich um eine Eheschließung handelt;
- ein Ehegatte zur Eingehung der Ehe durch arglistige Täuschung über solche Umstände bestimmt worden ist, die ihm bei Kenntnis der Sachlage und bei richtiger Würdigung des Wesens der Ehe von der Eingehung der Ehe abgehalten hätten (z.B. wenn ein Ehepartner vorsätzlich erbliche oder sonstige erhebliche Krankheiten wie Aids oder Tuberkulose verschwiegen hat. Der andere Ehegatte hat dann aber nachzuweisen, dass er nie die Ehe eingegangen wäre, wenn er von der Krankheit gewusst hätte). Dies gilt nicht für eine Täuschung über Vermögensverhältnisse. Ebenfalls ist eine Aufhebung nicht möglich, wenn die Täuschung durch Dritte ohne Wissen des anderen Ehegatten vorgenommen worden ist;
- ein Ehegatte zur Eingehung der Ehe durch Drohung gedrängt worden ist;
- beide Ehegatten sich bei der Eheschließung darüber einig waren, keine eheliche Lebensgemeinschaft aufnehmen zu wollen.

In den Fällen der Unkenntnis, der Täuschung oder Drohung ist die Aufhebung ausgeschlossen, wenn der Ehegatte nach Entdeckung des Umstandes zu erkennen gegeben hat, die Ehe fortzusetzen. Bereits nach altem Recht war die Beweislage über das Vorliegen eines Aufhebungsgrundes schwierig. Da sich die Rechtsfolgen bei der Aufhebung kaum von denen der Scheidung unterscheiden, empfiehlt es sich auch weiterhin, parallel einen Scheidungsantrag zu stellen.

Bedeutend ist die erstmalige Aufnahme der Regelung, dass eine Aufhebung vorgenommen werden kann, wenn sich beide Ehegatten bei der Eheschließung darüber einig waren, keine eheliche Lebensgemeinschaft aufnehmen zu wollen. Alle anderen Aufhebungsgründe bestanden bereits im alten Gesetz. Die Umschreibung des neuen Aufhebungsgrundes ist zwar neutral gefasst, aber schon die Diskussionen im Vorfeld zur Novellierung des Gesetzes und die Begründung des Gesetzgebers zur Aufnahme dieser Regelung zielt deutlich auf sogenannte Scheinehen zur Erlangung eines Aufenthaltsrechts ab. Insofern ist diese Regelung vorrangig für binationale Paare und Migrantenpaare von Bedeutung, denn nur ihnen kann unterstellt werden, die Ehe nur zur Erlangung der Aufenthaltsgenehmigung eingegangen zu sein. Im Streit mit Behörden und in der Rechtsprechung geht es vor allem um die inhaltliche Auslegung des Begriffes der ehelichen Lebensgemeinschaft, der von dem Gesetzgeber nicht bestimmt wurde, sondern dies vielmehr den Individuen, den Ehepaaren, überlässt.

Den Antrag auf Aufhebung kann einer der Ehegatten stellen oder eine Behörde, die durch Rechtsverordnung der Innenministerien der Bundesländer bestimmt wurde. In den meisten Ländern ist diese Aufgabe an die Regierungspräsidien bzw. Bezirksregierungen delegiert. Auch wenn wir als bundesweiter Lobbyverband für Binationale bis zum heutigen Tag von keinem Antrag auf Aufhebung einer Ehe durch eine staatliche Behörde Kenntnis erhalten haben, kann diese Regelung nicht als unbedeutend abgetan werden. Mit solch einer Regelung verschaffen sich staatliche Behörden Eingriffsmöglichkeiten in die Privatsphäre von Menschen, die sie doch grundgesetzlich zu schützen haben. Regelungen dieser Art sind einer rechtsstaatlichen Demokratie nicht würdig und deshalb abzulehnen.

Formen der Scheidung

Der Scheidungsantrag soll eingereicht werden. Hierzu wird ein Anwalt/eine Anwältin benötigt, der/die sich an das zuständige Familiengericht wendet. Zumeist ist das Familiengericht an dem Ort zuständig, in dem die Ehegatten ihren gemeinsamen gewöhnlichen Aufenthalt haben. Wohnt ein Elternteil mit den gemeinsamen minderjährigen Kindern woanders, so ist das Familiengericht dieses Ortes zuständig.

Familienrichter/-innen scheiden die Ehe, wenn seit mindestens einem Jahr keine Lebensgemeinschaft mehr besteht und wenn erwartet werden kann, dass sie auch zukünftig nicht wieder hergestellt wird.

Die einvernehmliche Scheidung

Sind sich die Ehegatten einig, geschieden werden zu wollen und haben sie eine Einigung über die Ehewohnung und die Aufteilung des Hausrates, den Ehegatten- und Kindesunterhalt erzielt, so prüft das Familiengericht nur noch, ob das Trennungsjahr abgelaufen ist. Konnte eine Einigung über die Scheidungsfolgen (Ehewohnung, Hausrat, Unterhalt) nicht erreicht werden, so ist das Gericht gehalten das Scheitern der Ehe im Rahmen einer streitigen Scheidung festzustellen.

Die streitige Scheidung

Wenn z.B. der eine Ehepartner geschieden werden möchte, der andere aber nicht, weil er z.B. Hoffnung hat, dass die Ehe noch zu retten ist oder wenn die Eheleute über die Folgesachen streiten und sich untereinander hierüber nicht einigen können, dann wird von einer streitigen Scheidung gesprochen.

Widerspricht ein Ehegatte dem Scheidungsantrag des anderen und behauptet, die Ehe sei nicht zerrüttet, so muss der Familienrichter sich von der tatsächlichen Zerrüttung der Ehe überzeugen und davon, dass die eheliche Lebensgemeinschaft nicht wieder herzustellen ist. Der antragstellende Ehegatte wird folglich aufgefordert, Beweise für die Zerrüttung darzulegen. Der andere hat die Möglichkeit diese zu entkräften und Beweise für das Gegenteil anzubieten. Das Familiengericht versucht sich ein Bild darüber zu verschaffen, wie sich das Zusammenleben der Ehegatten gestaltete, insbesondere unter welchen Umständen die Trennung erfolgte und wie die Zeit kurz vor dem Scheidungsantrag einzuschätzen ist. Lehnt ein Ehegatte die Wiederaufnahme der ehelichen Lebensgemeinschaft dauerhaft ab, wird die Ehe in der Regel als zerrüttet angesehen und geschieden.

Lebten die Eheleute drei Jahre getrennt, wird unwiderlegbar vermutet, dass die Ehe gescheitert ist. In seltenen Fällen, z.B. bei schwerer Erkrankung des scheidungsunwilligen Ehepartners kann gemäß § 1568 BGB eine Scheidung trotz Zerrüttung der ehelichen Lebensgemeinschaft abgelehnt werden.

Familienrichter/-innen entscheiden bei einer streitigen Scheidung über alle strittigen Punkte. Vorher kann die Scheidung nicht ausgesprochen werden. Das Verfahren wird dadurch langwierig und die Gerichts- und Anwaltskosten erhöhen sich mit der Zahl der zu entscheidenden Folgesachen.

Die Härtescheidung

Auch ohne Ablauf des Trennungsjahres kann eine Scheidung eingereicht werden, wenn ein Härtefall gemäß § 1565 Abs. 2 BGB gegeben ist. In solch einem Fall muss das Scheitern der Ehe festgestellt werden und eine Situation vorliegen, in der einem Ehepartner aufgrund des Verhaltens des anderen nicht zumutbar ist, an der Ehe festzuhalten, z.B. bei Misshandlungen, Alkoholmissbrauch, Straftaten, schwerer Beleidigung oder Drohungen.

Da auch bei der Härtescheidung der Versorgungsausgleich durchgeführt wird, der erfahrungsgemäß einen längeren Zeitraum in Anspruch nimmt, ist davon auszugehen, dass ein Härtefallverfahren ebenso lange dauert, wie eine einvernehmliche Scheidung. Der Unterschied besteht darin, dass die einvernehmliche Scheidung erst nach Ablauf des Trennungsjahres eingereicht werden kann, die Härtefallscheidung bereits nach der Trennung.

Kosten der Scheidung

Gebühren entstehen sowohl für das Scheidungsverfahren vor Gericht als auch für den hierfür beauftragten Anwalt, da das Gesetz eine anwaltliche Vertretung vorschreibt. Zudem wird die Höhe der Kosten davon beeinflusst, ob die Scheidung allein oder auch Folgesachen zu verhandeln sind. Jede Partei bezahlt in der Regel die eigene anwaltliche Vertretung, die Gerichtskosten werden geteilt. Die Anwaltsgebühren richten sich nach der Bundesrechtsanwaltsgebührenordnung, die Gerichtskosten nach dem Gerichtskostengesetz. Maßgebend für die Festsetzung der Kosten ist der Wert, um den gestritten wird. Je höher dieser Streitwert ist, um so teurer wird die Scheidung.

Der Streitwert einer Scheidung beträgt das dreifache monatliche Nettoeinkommen der Eheleute, mindestens aber € 2.000. Hinzu kommen die Streitwerte für die Verfahren, die im Verbund mit der Scheidung geregelt werden müssen; sie werden regelmäßig den aktuellen Lebenshaltungskosten angepasst. Für den Versorgungsausgleich beträgt der Mindeststreitwert € 500 – es sei denn, es sind höhere Rentenanwartschaften auszugleichen –, für das Sorgerecht mindestens € 900 für das erste Kind, jedes weitere erhöht den Streitwert um € 300. Teuer wird ein Scheidungsverfahren durch die Anträge zum Unterhalt oder zur Ehewohnung. Der Streitwert für den Unterhalt ist auf die Höhe des Jahresbetrages des geforderten Unterhalts festgesetzt (er beträgt z.B. € 12.000, wenn monatlich € 1.000 gefordert werden), der Streitwert für die Ehewohnung hat die Höhe der Jahreskaltmiete.

Entsteht beispielsweise ein Gesamtstreitwert von € 16.250, so betragen die Kosten für einen Anwalt ca. € 2.500. Wenn jede Partei einen eigenen Anwalt hat, so ist dieser Betrag von jedem Ehegatten an seinen Anwalt zu entrichten. Hinzu kommt die Gerichtsgebühr, die zwischen den Eheleuten aufzuteilen ist.

Achtung: Die Höhe der Streitwerte wird regelmäßig überprüft und den aktuellen Lebenshaltungskosten angepasst. Folglich können die hier aufgeführten Euro-Beträge nur eine ungefähre Orientierung darstellen. Außerdem können die Kosten durch individuelle Unterschiede variieren, die ebenfalls hier nicht berücksichtigt werden können.

Scheidungsverfahren mit nur einem Anwalt?

Ist nur ein Ehegatte anwaltschaftlich vertreten, so trägt er seine Anwaltskosten allein, die anfallenden Gerichtskosten werden wiederum geteilt. Insbesondere bei einer einvernehmlichen Ehescheidung lassen sich dadurch die Kosten reduzieren, denn wenn sich das Ehepaar einig ist über Unterhalt, Hausrat, Ehewohnung und Vermögensausgleich, so kann die Scheidung auch mit nur einem Anwalt/einer Anwältin durchgeführt werden. Die Vereinbarung über die Scheidungsfolgen wird einem Notar zu Protokoll gegeben und dem Scheidungsrichter vorgelegt. Dabei entstehen zwar Notargebühren, die aber wesentlich niedriger liegen als Anwaltsgebühren. Wird die Scheidung aber während des Verfahrens doch noch streitig, so muss sich der bisher ohne Anwalt/Anwältin agierende Ehepartner eine/n eigene/n Anwalt/Anwältin suchen, der/die den Fall noch nicht kennt. Hieraus kann ein Nachteil erwachsen.

Prozesskostenhilfe

Prozesskostenhilfe kann beantragt werden, wenn beide Ehegatten über ein geringes Einkommen verfügen, z.B. wenn jeder Ehepartner für sich nur € 353 netto zum Leben zur Verfügung hat. Bei einem Kind erhöht sich dieser Freibetrag auf € 601, bei zwei Kindern auf € 750 und bei drei Kindern auf € 900. Dann übernimmt die Staatskasse die Scheidungskosten in voller Höhe oder bewilligt eine Ratenzahlung. Bei Prozesskostenhilfe mit Ratenzahlung werden die anfallenden Kosten lediglich vom Staat vorgestreckt und sind entsprechend des monatlichen Einkommens zurückzuzahlen, allerdings nicht länger als 48 Monate. Aber auch Prozesskostenhilfe ohne Ratenzahlung kann später zurückgefordert werden, wenn sich die wirtschaftliche Lage des Betreffenden verbessert haben sollte.

Achtung: Auch die soeben angegebenen Euro-Beträge werden jährlich an die Lebenshaltungskosten angepasst und können daher nur Anhaltswerte sein!

Die Inanspruchnahme von Prozesskostenhilfe mildert allerdings nicht das Prozessrisiko. Wird beispielsweise der Unterhaltsprozess verloren, so sind die Kosten des Widersachers sowie die Gerichtskosten zu bezahlen.

Verfügt ein Ehepartner über ein hohes Einkommen, so kann der andere einen Prozesskostenvorschuss von ihm verlangen. Ein Anspruch auf Prozesskostenvorschuss gegenüber dem Ehegatten liegt meist dann vor, wenn auch ein Unterhaltsanspruch besteht. Auch ein solcher Prozesskostenvorschuss kann nach der Scheidung zurückverlangt werden, wenn eine Verbesserung der wirtschaftlichen Verhältnisse eingetreten ist.

Wichtig ist, beim ersten Beratungsgespräch mit dem Anwalt/der Anwältin zu klären, ob die Vertretung übernommen wird, wenn Prozesskostenhilfe in Betracht kommt. Bei Prozesskostenhilfe ohne Ratenzahlung erhält der Anwalt/die Anwältin niedrigere Gebühren. Es ist dabei nicht zulässig, sich die Differenz durch die Mandanten zusätzlich erstatten zu lassen. Bevorzugen diese dann noch eine außergerichtlich zu regelnde Scheidungsfolgenvereinbarung, so wird das Interesse des Anwaltes/der Anwältin erfahrungsgemäß sinken, die Mandantschaft zu übernehmen. Prozesskostenhilfe wird nämlich nur für Verhandlungen gewährt, die bei Gericht anhängig gemacht oder zumindest dort protokolliert werden, und nur dann hat er/sie die Möglichkeit, Gebühren zu erheben.

Honorarvereinbarungen

Manche Anwälte vereinbaren mit der Mandantschaft ein Honorar für das gesamte Verfahren, dessen Höhe für das gerichtliche Verfahren über den gesetzlichen Gebühren liegt. Geht es um eine Scheidung von einem durchschnittlichem Schwierigkeitsgrad, sollte genau gerechnet werden, ob sich eine solche Vereinbarung finanziell lohnt. Auch lassen sich Anwälte/Anwältinnen das oftmals größere Haftungsrisiko, den größeren Geschäftsanfall bzw. Arbeitsaufwand und die besonderen Schwierigkeiten, die sich aus der Anwendung internationalen und/oder ausländischen Rechts ergeben, durch höhere Gebührenvereinbarungen vergüten.

Prominente Anwälte, die meistens auch nur mit Honorarvereinbarungen arbeiten, werden häufig in ihren Wirkungsmöglichkeiten überschätzt. Anwälte, die durch Medien bekannt geworden sind, können nicht alle Fälle selbst bearbeiten, sondern übergeben die für sie weniger interessanten Fälle an ihre angestellten Rechtsanwälte. Wichtig für binationale Paare ist vor allem, eine/n spezialisierte/n Familienanwalt/-anwältin zu finden, möglichst mit Erfahrung im Internationalen Privatrecht.

Steuerliche Vergünstigungen

Die Kosten der Scheidung sind außergewöhnliche Belastungen und können daher beim Finanzamt im Rahmen der jährlichen Steuererklärung geltend gemacht werden. Hierzu zählen die Anwalts- und Verfahrenskosten inklusive der Vereinbarung der Scheidungsfolgen. Es kann sich somit auszahlen, Belege und Quittungen über entstandene Kosten aufzubewahren und einzureichen.

Der Ehevertrag

Ein privatrechtlich vereinbarter Ehevertrag, dessen Regelungen meist den Scheidungsfall betreffen, entfaltet nun seine Wirkung. In der Regel beziehen sie sich auf folgende Scheidungsfolgen:

- den Verzicht auf nachehelichen Ehegattenunterhalt (einseitig oder gegenseitig);
- den Ausschluss oder die Modifizierung des Versorgungsausgleichs;
- die Aufteilung des Hausrats;
- die Einigung darüber, wer in der ehelichen Wohnung verbleibt;
- die Regelung des Güterstandes (z.B. Gütertrennung);
- die Einigung über die Ausübung der elterlichen Sorge und des Umgangsrechts.

Ausübung der elterlichen Sorge

Seit dem 01.07.1998 wird im Rahmen des Scheidungsverfahrens über die elterliche Sorge und das Umgangsrecht nicht mehr automatisch verhandelt. Die rechtliche Regelung geht davon aus, dass die Eltern in der Lage sind sich über anstehende Fragen zum Wohle des Kindes zu einigen und die elterliche Sorge auch zukünftig gemeinsam auszuüben (siehe Kapitel »Kinder«). Enthält der Ehevertrag eine hiervon abweichende Vereinbarung – eine Vereinbarung über die alleinige Sorge eines Elternteils –, so ist dem Familiengericht ein entsprechender Antrag vorzulegen. Der Richter/die Richterin entscheidet über diesen Antrag und wird erfahrungsgemäß den einvernehmlichen Vorschlägen der Eltern folgen, soweit sie das Kindeswohl nicht gefährden.

Ausschluss des Versorgungsausgleichs

Mit dem Ausschluss des Versorgungsausgleichs entscheiden sich die Ehegatten dafür, die im Verlauf der Ehezeit erworbenen Rentenanwartschaften sowie sonstige Altersvorsorgeleistungen im Scheidungsfall *nicht* hälftig untereinander aufzuteilen. Ehegatten, die sich für diese Variante entscheiden, sollten sich der Folgen bewusst sein. Jeder Partner ist dann für die Altersvorsorge alleine verantwortlich und sollte entsprechend vorsorgen.

Der Ausschluss des Versorgungsausgleichs ist unwirksam, wenn innerhalb eines Jahres nach Vertragsabschluss ein Scheidungsantrag gestellt wird, da dann das Familiengericht davon ausgehen muss, dass diese Vereinbarung hinsichtlich der einseitigen Scheidungsabsicht getroffen wurde.

Verzicht auf nachehelichen Ehegattenunterhalt

Wurde im Ehevertrag vereinbart, auf den nachehelichen Unterhalt zu verzichten, so wirkt sich diese Regelung ungünstig für den Ehepartner aus, der die eigene Berufstätigkeit zurückstellte um die Betreuung und Versorgung der gemeinsamen ehelichen Kinder zu übernehmen. Ein gegenseitiger Unterhaltsverzicht ist deshalb nur zu empfehlen, wenn keine Kinder geplant sind. Der Verzicht kann auch dahingehend abgefasst werden, dass er nur für den Fall der Kinderlosigkeit wirksam wird.

Darüber hinaus kann unter bestimmten Voraussetzungen der Ehevertrag angefochten werden, wenn das Zustandekommen des Vertrages nicht Ausdruck und Ergebnis eines gleichberechtigten partnerschaftlichen Verhältnisses war, sondern vielmehr auf ungleichen Verhandlungspositionen beruhte und die Dominanz eines Ehepartners verdeutlicht. Dies nimmt beispielsweise das Bundesverfassungsgericht in seiner Rechtsprechung dann an, wenn einer schwangeren Frau kurz vor der Eheschließung solch ein Ehevertrag vorgelegt wird.

Güterrecht

Am bekanntesten ist die Regelung, dass die Eheleute anstatt der gesetzlich festgelegten Zugewinngemeinschaft die Gütertrennung oder die Gütergemeinschaft oder jeweils – soweit zulässig – eigene Regelungen vereinbaren können. Gütertrennung wird häufig dann gewählt, wenn ein Ehegatte Vermögen in die Ehe mitbringt und den Ehepartner im Falle der Scheidung an einem Wertzuwachs nicht partizipieren lassen möchte.

Nach Art. 15 EGBGB kann das für den Güterstand maßgeblich anzuwendende Recht in bestimmten Grenzen gewählt werden. Ehepaare können für die güterrechtlichen Wirkungen ihrer Ehe das Recht des Staates wählen, dem eine/r von ihnen angehört oder das Recht des Staates, in dem eine/r von ihnen seinen gewöhnlichen Aufenthalt hat. Für ihr unbewegliches Vermögen wie beispielsweise Grundstücke oder eine Eigentumswohnung können sie das Recht des Lageortes bestimmen, also das Recht des Staates, in dem sich das unbewegliche Vermögen befindet.

John ist Australier und Ruth Deutsche. Sie verbringen ihren Lebensabend als Ehepaar gemeinsam in Spanien. Ruth hat dort von ihren Ersparnissen ein kleines Haus gekauft. John hat noch ein Mietshaus in Sydney. Sie können für ihren Güterstand das deutsche, das australische oder das spanische Recht wählen. Für das Haus in Sydney können sie separat das Recht Australiens und für das Haus in Spanien spanisches Recht wählen. Welche Variante für die Beteiligten die beste ist, sollten sie mit ihren Anwälten/Anwältinnen oder Notaren/-innen beraten.

Güterrechtliche Besonderheiten bei binationalen Ehen

Der Güterstand richtet sich bei binationalen Ehepaaren nach Art. 15 EGBGB (Einführungsgesetz zum Bürgerlichen Gesetzbuch). Er unterliegt dem Recht, das für die allgemeinen Wirkungen der Ehe[1] im Zeitpunkt der Eheschließung ausschlaggebend ist. Bei binationalen Ehen richtet sich das Recht nach dem gemeinsamen gewöhnlichen Aufenthalt im Zeitpunkt der Eheschließung. Diese Regelung gilt seit der Reform des Internationalen

---

[1] Zu den allgemeinen Wirkungen der Ehe zählen z.B. die Herstellung der ehelichen Lebensgemeinschaft, die Verständigung über die Haushaltsführung und die Erwerbstätigkeit, die Pflicht zum ehelichen Unterhalt, das Recht Geschäfte zur Deckung des Lebensbedarfs zu tätigen usw.

Privatrechts (IPR) im Jahr 1986. Vor dieser Reform wurde stets an die Staatsangehörigkeit des Ehemannes angeknüpft. Damit galt das Familienrecht des ausländischen Ehemannes auch für deutsche Frauen in Deutschland. Für viele Ehen bedeutete dies, dass ihr gesetzlicher Güterstand die Gütertrennung war. Den meisten Ehepaaren war dies unbekannt. Sie nahmen zumeist an, dass für sie der in Deutschland gesetzlich festgelegte Güterstand der Zugewinngemeinschaft gilt. Doch erst mit der Reform des IPR, die an den Aufenthaltsort der Eheleute anknüpfte, änderte sich der gesetzliche Güterstand für die in Deutschland lebenden binationalen Ehepaare in die Zugewinngemeinschaft. Das Reformgesetz schuf für die sogenannten Altehen – Ehen, die vor dem 09.04.1983 geschlossen wurden – eine komplizierte Übergangsregelung:

- Bei Heirat vor dem 01.04.1953 (zu diesem Zeitpunkt stellte das Bundesverfassungsgericht fest, dass alle gegen den Grundsatz der Gleichberechtigung verstoßenden Gesetze außer Kraft treten) richtet sich das Güterrecht nach den alten Vorschriften, also nach dem Heimatrecht des Ehemannes.
- Bei Heirat nach dem 31.03.1953 und vor dem 09.04.1983 (zu diesem Zeitpunkt stellte das Bundesverfassungsgericht fest, dass die Anwendung des Heimatrechtes des Ehemannes verfassungswidrig ist) müssen aufeinander folgend zwei unterschiedliche Regelungen angewandt werden. Die güterrechtlichen Wirkungen dieser Ehen bestimmen sich für den Zeitraum bis zum 08.04.1983 in erster Linie nach dem Heimatrecht des Ehemannes zum Zeitpunkt der Eheschließung, wenn sich die Ehegatten nicht durch ausdrückliche oder stillschweigende Rechtswahl einem anderen Recht unterstellt haben. Für die Zeit ab dem 09.04.1983 gilt dann für diese Ehen das Recht des gewöhnlichen Aufenthalts, was also bedeuten kann, dass sich der Güterstand von der Gütertrennung zur Zugewinngemeinschaft ändert.

Bei binationalen Ehen, für die bis zum 08.04.1983 Gütertrennung galt und anschließend Zugewinngemeinschaft, erfasst der Ausgleich das gesamte Vermögen der Ehegatten, auch soweit es unter dem früheren Güterstand der Gütertrennung erworben wurde. Als Anfangsstichtag für den Zugewinnausgleich gilt hier nicht der Zeitpunkt der Eheschließung, sondern der 09.04.1983. Das zu diesem Tag vorhandene Vermögen gilt als Anfangsvermögen, welches vom Endvermögen am Tag der Zustellung des Scheidungsantrags abzuziehen ist, um den Zugewinn der Ehe zu errechnen.

Für nach dem 09.04.1983 geschlossene Ehen sind die güterrechtlichen Wirkungen nach Art. 15 EGBGB neuer Fassung zu beurteilen. Es kommt somit auf das Recht des gemeinsamen gewöhnlichen Aufenthalts zum Zeitpunkt der Eheschließung an.

Susanne heiratet Hassan in der Türkei. Hassan arbeitet zu diesem Zeitpunkt bei einer großen Firma in Ankara und Susanne nimmt an einem Austauschprogramm für Studenten/-innen teil. Sie lebt bereits seit einem Jahr in Ankara. Nach der Eheschließung gehen sie gemeinsam in die Bundesrepublik und begründen einen Wohnsitz in München.

Nach zehn Jahren trennen sich die beiden und beabsichtigen sich scheiden zu lassen. Nun erfahren sie bei ihrem Anwalt, dass sich der Güterstand für ihre Ehe nach türkischem Recht richtet. Beide hatten zum Zeitpunkt der Eheschließung ihren Lebensmittelpunkt in der Türkei. Dort haben sie folglich ihren gemeinsamen gewöhnlichen Aufenthalt.

Anders verhält es sich, wenn...
...Rita in die Türkei fährt, um dort ihren Freund Mehmet zu heiraten. Mehmet hat zwar seinen Lebensmittelpunkt in der Türkei, Rita aber ihren in der Bundesrepublik. Gleich nach der Eheschließung stellt Mehmet einen Antrag zur Familienzusammenführung nach Deutschland und erhält das Visum nach kurzer Zeit.

Will sich dieses Paar nach zehn Jahren scheiden lassen, so wird geforscht, wo ihr gemeinsamer gewöhnlicher Aufenthalt zum Zeitpunkt der Eheschließung lag. Im Allgemeinen wird davon ausgegangen, dass in der Türkei geheiratet wurde, um anschließend gemeinsam in Deutschland zu leben. Der Plan des Paares gilt in der Praxis als ausreichend, Deutschland als gemeinsamen gewöhnlichen Aufenthalt anzusehen. Hiernach bemisst sich der Güterstand für diese Ehe nach deutschem Recht und es gilt die Zugewinngemeinschaft.

Sollte aber in diesem Fall eine andere Position eingenommen werden, die konstatiert, dass kein gemeinsamer gewöhnlicher Aufenthalt vorlag, so bestünde Unklarheit darüber, welches Güterrecht auf diese Ehe anzuwenden ist. Ein Ehepaar kann von vornherein Klarheit herstellen, indem es von der Möglichkeit Gebrauch macht, in einem Ehevertrag eine Rechtswahl zu vereinbaren. Es kann dabei zwischen dem deutschen und dem türkischen Recht wählen (siehe Kapitel »Ehevertrag«).

Das Scheidungsverfahren

Die internationale Zuständigkeit

Zuerst einmal ist zu klären, ob bei einer anstehenden Scheidung mit Auslandsbezug die internationale Entscheidungszuständigkeit des Familiengerichts vorliegt. Diese besteht dann, wenn es einen Bezug zu Deutschland gibt – sei es, dass einer der Ehegatten die deutsche Staatsangehörigkeit besitzt oder mindestens einer der Ehegatten seinen gewöhnlichen Aufenthalt im Bundesgebiet hat. Erst dann darf ein deutsches Gericht über einen Scheidungsantrag entscheiden.

Diese Zuständigkeit gilt aber nicht ausschließlich. Auch ein ausländisches Gericht kann international für den gleichen Fall zuständig sein. Ist ein Scheidungsverfahren bereits im Ausland rechtshängig geworden, d.h. ist der Scheidungsantrag dem anderen Ehegatten auf dem offiziellen Weg zugestellt worden, ist das deutsche Gericht gehindert die Scheidung auszusprechen. Bedeutend ist dies für eine binationale Ehe, die im Ausland geführt wurde, wenn der deutsche Ehepartner nach Deutschland zurückkehrt. Reicht der ausländische Ehepartner die Scheidung am gemeinsamen Wohnort außerhalb des Bundesgebietes ein und erreicht die Rechtshängigkeit vor dem deutschen Ehegatten in Deutschland, so kann die Scheidung in Deutschland nicht mehr ausgesprochen werden.

Soll die Scheidung in der Bundesrepublik stattfinden und wird befürchtet, dass der Ehegatte im Ausland auch einen Scheidungsantrag stellt, so kann es einen Wettlauf mit der Zeit geben. In dieser Situation wäre zu erwägen, vorläufig auf die Beantragung von Prozesskostenhilfe zu verzichten um einer zeitlichen Verzögerung vorzubeugen, da die Prozesskostenhilfe bewilligt sein muss, bevor die offizielle Zustellung des Scheidungsantrags vorgenommen wird.

Die örtliche Zuständigkeit

Wenn die internationale Zuständigkeit des deutschen Gerichts gegeben ist, beginnt das Scheidungsverfahren mit der Einreichung des Scheidungsantrags beim örtlich zuständigen Familiengericht durch einen Anwalt/eine Anwältin. In der Regel ist das Familiengericht des gemeinsamen gewöhnlichen Aufenthalts für die Scheidung zuständig oder das Familiengericht des Ortes, an dem ein Ehegatte mit den gemeinsamen ehelichen Kindern lebt.

Lebte das Ehepaar im Ausland und verfügt über keinen Wohnsitz in Deutschland, so ist das Scheidungsverfahren beim Familiengericht des Amtsgerichts Schöneberg in Berlin einzureichen.

Unbekannter Aufenthaltsort des Antragsgegners

In binationalen Ehen kommt es vor, dass der ausländische Ehepartner Deutschland verlässt, ohne eine Anschrift zu hinterlassen. Die deutschen Ehegatten befürchten oft, dass sie sich nun nicht scheiden lassen können, da der Scheidungsantrag dem Ehepartner nicht direkt zugestellt werden kann. Trotzdem gibt es Möglichkeiten, die Scheidung in Deutschland durchzuführen. Hierfür muss der Scheidungsantrag öffentlich zugestellt werden. Öffentliche Zustellung bedeutet, dass die Antragsschrift im Gerichtsgebäude ausgehängt und im Bundesanzeiger veröffentlicht wird. Voraussetzung hierfür ist, dass der Antragsteller/die Antragstellerin eidesstattlich versichert, dass er/sie die Adresse des Ehepartners nicht kennt und auch keine Möglichkeit hat diese festzustellen. In einem solchen Fall verlangen die Gerichte häufig, dass bei Freunden und bei der Familie des Antragsgegners nachgeforscht wird.

Liegen die Voraussetzungen für die öffentliche Zustellung vor und der Antragsgegner meldet sich nicht, findet das Verfahren ohne ihn statt. Das Scheidungsurteil wird anschließend öffentlich zugestellt, um rechtskräftig zu werden.

Die Scheidungsfolgen

Zusammen mit der Scheidung wird der Versorgungsausgleich geregelt. Weitere Folgesachen wie elterliche Sorge, Ehegatten- und Kindesunterhalt, Güterrecht (z.B. Zugewinnausgleich), Ehewohnung und Hausrat werden nur geregelt, wenn ein Ehegatte dies beantragt.

In der Regel ergeht erst dann eine Ladung für die mündliche Verhandlung an die Parteien und die Anwälte, wenn alle Folgesachen geklärt sind. Der Familienrichter/die Familienrichterin hat die Möglichkeit gemäß § 32 FGG (Freiwillige Gerichtsbarkeit) zur Klärung einzelner Fragen einen frühzeitigen ersten Termin anzuberaumen.

Wird ein Antrag auf die Übertragung der alleinigen elterlichen Sorge gestellt, kann entweder im Zuge des Scheidungsverfahrens oder in einem separaten Verfahren darüber entschieden werden (siehe Kapitel »Kinder«). Wird kein Antrag auf die alleinige elterliche Sorge gestellt, müssen dennoch im Rahmen der Scheidung die Eltern zu dieser Frage angehört werden. Das Gericht informiert das Jugendamt über einen anhängigen Scheidungsantrag. Beide, das Gericht und das Jugendamt, haben die Pflicht die Eltern über Beratungsmöglichkeiten zu Sorge-, Rechts- und Umgangsfragen zu informieren.

Versorgungsausgleich

Der Versorgungsausgleich ist regelmäßig mit der Ehescheidung durchzuführen, es sei denn, die Ehegatten haben ihn in einem Ehevertrag ausdrücklich ausgeschlossen. Mit dem Versorgungsausgleich werden die in der Ehe erworbenen Anwartschaften auf eine Alterssicherung, wie Sozialversicherungsrenten, Pensionen, Betriebsrenten oder Lebensversicherungen auf Rentenbasis gegeneinander aufgerechnet. Der Versorgungsausgleich wurde erst 1976 vom Gesetzgeber eingeführt. Durch richterlichen Beschluss erhält derjenige Ehegatte, der während der Ehe geringere Rentenanwartschaften eingezahlt hat, die Hälfte der Differenz zwischen seinen und den erworbenen Anwartschaften des anderen. Dieser Betrag wird in der Regel dem Rentenkonto gutgeschrieben. Es gibt also keine Auszahlungen. Wichtig zu wissen ist, dass sich der Versorgungsausgleich nur auf die während der Ehe erworbenen Anwartschaften bezieht und nicht auf vorher erworbene Ansprüche. Frauen, die während der Ehe nicht gearbeitet haben, können über die Kindererziehungszeiten eine Rentenanwartschaft erlangen. Zusammen mit den Rentenanwartschaften des Ehemannes, die mit der Scheidung übertragen werden, erhalten viele Frauen erstmals einen eigenen Rentenanspruch.

Beispiel: *Die Rentenanwartschaft des Ehemannes während der Ehezeit beträgt € 200, die der Frau € 50 aus der Kindererziehungszeit. Daraus ergibt sich ein Wertunterschied von € 150. Dieser Betrag wird halbiert auf € 75 und dem Rentenkonto der Frau gutgeschrieben, da sie die geringeren Anwartschaften hat. Das Rentenkonto der Frau weist nun einen Betrag von € 125 auf. Dem Mann wird der Betrag von € 75 abgezogen, so dass er ebenfalls € 125 hat.*

Der Versorgungsausgleich nimmt häufig viel Zeit in Anspruch, weil die Rentenbiographien der Beteiligten ab der Vollendung des 16. Lebensjahrs beim Rentenversicherungsträger zu klären sind. Kommt zudem der ausländische Ehepartner aus einem Land, mit dem die Bundesrepublik ein Sozialversicherungsabkommen unterschrieben hat, wie zum Beispiel aus Italien, dem ehemaligen Jugoslawien, der Türkei oder Griechenland, so sind auch die ausländischen Versorgungsanwartschaften festzustellen und einzubeziehen. Solche Verfahren sind besonders zeitintensiv und dauern nicht selten zwei bis drei Jahre.

Besteht Interesse seitens des Ehepaares das Scheidungsverfahren zu beschleunigen, so gibt es die Möglichkeit, die Abtrennung des Versorgungsausgleichs von dem Scheidungsverfahren zu beantragen. Allerdings muss diesem Anliegen das Familiengericht zustimmen.

Möchte ein Ehepaar gänzlich auf die Durchführung des Versorgungsausgleichs verzichten, so kann dies nur durch einen notariellen Ehevertrag oder eine notariell oder gerichtlich protokollierte Scheidungsfolgenvereinbarung vereinbart werden. Um möglichen Druck im Zusammenhang mit der Scheidung auszuschließen, muss der notarielle Verzicht mehr als ein Jahr vor Einreichung des Scheidungsantrags protokolliert worden sein. Ein später vereinbarter Verzicht, sei es durch Ehevertrag oder durch eine Scheidungsfolgenvereinbarung, ist durch das Familiengericht zu genehmigen. Genehmigungsfähig ist der Verzicht dann, wenn dem Ausgleichsberechtigten keine ehebedingten Nachteile in seiner Altersversorgung entstanden sind. Dies ist meist dann gegeben, wenn beide Ehepartner während der Ehe gearbeitet und ähnlich hohe Anwartschaften erwirtschaftet haben. Da dies aber endgültig erst festgestellt werden kann, wenn die Auskünfte über die Rentenanwartschaften vorliegen, die ja gerade so lange dauern, ist eine Beschleunigung des Verfahrens nicht immer zu erreichen.

Ehegattenunterhalt

Beim Ehegattenunterhalt wird zwischen dem Unterhalt für die Zeit des Getrennt-Lebens und dem Unterhalt ab Rechtskraft der Scheidung unterschieden. Ein Urteil über den Unterhalt während der Trennungszeit verliert folglich mit der rechtskräftigen Scheidung seine Gültigkeit. Für den nachehelichen Unterhalt muss ein neues Unterhaltsurteil erwirkt werden. Im Gegensatz zum Trennungsunterhalt besteht nun eine Erwerbsobliegenheit, d.h. es wird erwartet, dass beide Ehegatten durch Erwerbstätigkeit für sich selbst sorgen. Nur minderjährige Kinder haben immer einen Unterhaltsanspruch gegen ihre Eltern.

Das Unterhaltsrecht folgt zwei wichtigen Leitlinien:

- Anspruch auf Unterhalt hat nur der Ehegatte, der bedürftig ist, und
- eine Verpflichtung Unterhalt zu zahlen hat nur derjenige, der seinen eigenen Unterhalt nicht gefährdet.

Dies kann sogar dazu führen, dass vorrangig eigenes Einkommen und Vermögen verwendet werden muss, bevor ein Anspruch auf Unterhalt gegen andere erhoben wird. Eine Unterhaltspflicht entfällt, wenn der notwendige Selbstbehalt gefährdet ist. Der Betrag, der für den eigenen Unterhaltsbedarf verbleiben muss, wird in den einzelnen Bundesländern nach den Richtlinien der Oberlandesgerichte festgestellt und beträgt zurzeit zwischen € 650 und € 900.

Es gibt verschiedene Arten von Unterhalt nach der Scheidung:

- Betreuungsunterhalt; wenn gemeinsame Kinder Pflege und Erziehung bedürfen. In der Regel gehen Gerichte davon aus, dass eine betreuende Person eine Teilzeitbeschäftigung aufnehmen kann, wenn das jüngste Kind von mehreren zwischen 8 und 11 Jahre alt ist. Eine Vollzeitbeschäftigung wird erwartet, wenn die Kinder mindestens 15 Jahre alt sind. Eine verbindliche Altersgrenze besteht jedoch nicht. Vielmehr ist die familiäre Situation ausschlaggebend, z.B. wenn ein behindertes Kind zu betreuen ist (§ 1570 BGB).
- Altersunterhalt; wenn aufgrund des Alters eine Erwerbstätigkeit nicht mehr erwartet werden kann. Auch bei dieser Unterhaltsart gibt es keine fixe Altersgrenze (§ 1571 BGB).
- Krankheitsbedingter Unterhalt; wenn wegen des Krankheitszustandes eine Erwerbstätigkeit nicht mehr zugemutet werden kann. Sollten aber z.B. schwere Arbeiten nicht mehr verrichtet werden können, so besteht die Verpflichtung leichtere Arbeiten anzunehmen (§ 1572 BGB).
- Erwerbslosenunterhalt; wenn nach einer Erwerbstätigkeit Ausschau gehalten wird, aber noch keine sichernde gefunden wurde. Dieser Anspruch ist natürlich auch abhängig von der Entwicklung des Arbeitsmarktes. Es ist daher nachzuweisen, dass sich intensiv und umfassend bemüht wurde eine Arbeitsstelle zu finden. Schriftstücke, die diese Bemühungen belegen können, sollten aufbewahrt werden (§ 1573 BGB).
- Aufstockungsunterhalt; wenn eine Arbeit aufgenommen wurde, die den eigenen Unterhaltsbedarf nicht deckt.
- Ausbildungsunterhalt; wenn ehebedingt eine Ausbildung nicht aufgenommen oder abgebrochen wurde, nun aber fortgesetzt werden soll.

Auch Fortbildungs- und Umschulungsmaßnahmen können geltend gemacht werden (§ 1575 BGB).
- Unterhalt aus Billigkeitsgründen; wenn eine Versagung des Unterhalts äußerst ungerecht wäre, z.B. wenn ein Ehepartner ein Kind oder einen Angehörigen des anderen jahrelang betreute oder viele Jahre unentgeltlich im Betrieb des Ehegatten mitarbeitete (§ 1576 BGB).

Bestand die Ehe nur kurze Zeit (ca. zwei bis drei Jahre) und blieb kinderlos, so dass keine gemeinsamen Kinder zu betreuen sind, wird der bedürftige Ehegatte in der Regel keinen Unterhalt erhalten. Weiterhin kann der Unterhalt ausgeschlossen werden, wenn der Unterhaltsfordernde eine Straftat begangen hat oder ihm ein sonstiges schwerwiegendes Fehlverhalten vorzuwerfen ist, wie beispielsweise die gröbliche Verletzung von Unterhaltspflichten, oder wenn die Bedürftigkeit mutwillig oder leichtfertig herbeigeführt wurde, z.B. durch Alkohol- und Drogenmissbrauch ohne Bereitschaft zu einem Entzug.

Unterhaltsanspruch kann wegfallen, wenn der Unterhaltsberechtigte eine andere Partnerschaft eingeht und über einen längeren Zeitraum (zwei bis drei Jahre) mit dem neuen Partner zusammenlebt, aufgrund der gemeinsamen und damit kostengünstigeren Haushaltsführung. In jedem Fall entfällt der Unterhaltsanspruch, wenn erneut geheiratet wird.

Gibt es mehrere Unterhaltsberechtigte und reicht das Einkommen des Unterhaltsverpflichteten nicht aus, so ist zuerst der Unterhalt der minderjährigen Kinder zu befriedigen, dann der der volljährigen Kinder, erst danach der Unterhalt der geschiedenen Ehegatten und zuletzt schließlich der der Eltern. Ein Unterhaltsverpflichteter kann sich somit nicht auf den Standpunkt stellen, dass er seinem Ehegatten keinen Unterhalt zahlen kann, weil er seine Eltern im Heimatland unterstützt.

Kompliziert kann es außerdem werden, wenn der Unterhaltspflichtige bereits geschieden war und Kinder aus der ersten Ehe zu versorgen hat. Wenn nicht genügend Geld vorhanden ist, kann es zu Problemen bei der Verteilung kommen. Ein Rechtsrat ist daher dringend einzuholen.

Um den Unterhalt berechnen zu können, hat der unterhaltsverpflichtete Ehegatte zuerst einmal Auskunft über sein Einkommen zu erteilen. Hierzu ist er gesetzlich angehalten. Wenn er Arbeitnehmer ist, legt er Gehaltsbescheinigungen der letzten zwölf Monate vor. Bei Selbständigen wird der Unterhalt aus dem Einkommen der letzten drei Jahre berechnet.

Die Berechnung des Unterhalts basiert auf dem bereinigten durchschnittlichen monatlichen Nettoeinkommen. Als Einkommen anzusehen ist auch das Arbeitslosengeld und die Arbeitslosenhilfe sowie sonstige Einnahmen beispielsweise aus Vermietung oder aus Vermögen.Von dem Nettoeinkommen abzuziehen sind berufsbedingte Aufwendungen, sowie Leistungen für Krankenversicherung und Altersversorgung. Für berufsbedingte Aufwendungen sehen einige Gerichte einen Pauschalbetrag von 5 % vor, bei anderen müssen Einzelnachweise erbracht werden.

Schulden können unterhaltsmindernd berücksichtigt werden, wenn sie ehebedingt sind. Das bedeutet, dass das Darlehenskapital auch dem anderen Ehegatten zugute gekommen ist, zum Beispiel für eine gemeinsame Urlaubsreise, für den Kauf eines Autos oder für die Einrichtung der Wohnung. Berücksichtigt werden Kreditraten zum Beispiel nicht, wenn das Darlehen in das Heimatland des Mannes geflossen ist, um dort ein Haus zu kaufen. In diesem Fall kann der deutsche Ehepartner ohnehin kaum damit rechnen, aus dieser Kapitalanlage noch einmal Nutzen zu ziehen.

Der Unterhaltsanspruch des Ehegatten beträgt meist 3/7 des bereinigten Nettoeinkommens des Verpflichteten. Ist dieser nicht mehr erwerbstätig, beträgt der Unterhaltsanspruch die Hälfte seines bereinigten Nettoeinkommens (siehe auch Kapitel »Trennung«). Ob und in welcher Höhe ein Anspruch auf Ehegattenunterhalt besteht, kann nur ein/e spezialisierte/r Anwalt/Anwältin sagen. Da sich der Unterhaltsanspruch des Ehegatten nach den konkreten Lebensverhältnissen richtet und es inzwischen eine umfangreiche Rechtspechung gibt, ist eine Prognose über den Ausgang eines Unterhaltsprozesses schwierig. Zu bedenken ist aber grundsätzlich, dass Unterhaltsprozesse recht teuer sind. Daher empfiehlt es sich, eine außergerichtliche Einigung anzustreben.

Verzieht der Unterhaltsberechtigte ins Ausland, kann gleichwohl der Unterhaltsanspruch gegen den in Deutschland lebenden Verpflichteten geltend gemacht werden. Da auch der Bedarf des Unterhaltsberechtigten bei der Höhe eines Unterhaltsanspruchs eine Rolle spielt, richtet sich die Höhe des Unterhalts entsprechend nach den Lebenshaltungskosten im Ausland. Ist der Bedarf niedriger als in Deutschland, wird der Unterhalt entsprechend angepasst.

Kindesunterhalt

Kinder müssen auch finanziell versorgt werden. Sie haben einen Anspruch auf sogenannten Barunterhalt gegenüber dem Elternteil, bei dem sie nicht leben. Der Elternteil, bei dem die Kinder leben, entrichtet durch die Versorgung und Betreuung des Nachwuchses einen sogenannten Naturalunterhalt. Das gilt auch, wenn die Eltern gemeinsam die elterliche Sorge ausüben, die Kinder aber eher bei einem Elternteil leben. Ist dieser Elternteil der wirtschaftlich stärkere, so kann es sein, dass er zusätzlich an dem Barunterhalt beteiligt wird. Die Festsetzung des Kindesunterhalts richtet sich grundsätzlich nach den Einkommensverhältnissen des barunterhaltspflichtigen Elternteils.

Das Gesetz kennt zwei Formen des Barunterhalts:

- den Regelunterhalt, der in einem vereinfachten Verfahren festgesetzt wird;
- den Individualunterhalt, der nach den persönlichen Einkommensverhältnissen berechnet wird.

Bei den Berechnungen wird kein Unterschied zwischen ehelichen und nichtehelichen Kindern gemacht. Außerdem ist der Kindesunterhalt rückwirkend ab dem Zeitpunkt zu zahlen, zu dem der Barunterhaltspflichtige aufgefordert wurde, über seine Einkommensverhältnisse Auskunft zu erteilen. Deshalb ist es wichtig, solche Forderungen an den Ehegatten schriftlich zu verfassen. Zudem wurden die Möglichkeiten, im Unterhaltsprozess Auskunft über das Einkommen des Barunterhaltspflichtigen zu erhalten, verbessert. Das Gericht kann jetzt selbst Auskünfte bei Arbeitgebern, Finanzämtern und Sozialversicherungsträgern einholen, wenn entsprechende Aufforderungen nicht befolgt wurden.

Der Regelbetrag ist ein Minimalbetrag für minderjährige Kinder. Nur in Ausnahmefällen darf weniger als der Regelunterhalt gezahlt werden, wenn z.B. der Selbstbehalt des Barunterhaltspflichtigen gefährdet ist. Der Selbstbehalt wurde angesetzt, damit ihm etwas mehr als der Sozialhilfesatz verbleibt. Er beträgt je nach Bundesland zwischen € 650 bis € 900. Darüber hinausgehende Beträge sind zuerst für die Kinder zu verwenden.

Der Regelbetrag richtet sich nach der Regelbetragsverordnung und beträgt zurzeit für ein Kind:

- bis zu seinem 6. Geburtstag € 177;
- bis zum 12. Geburtstag € 231;
- bis zum 18. Geburtstag € 287.

Die Regelbeträge werden alle zwei Jahre angepasst, dadurch erhöht sich der zu zahlende Regelunterhalt automatisch (§ 1612 a BGB). Wird der Kindesunterhalt unregelmäßig oder überhaupt nicht gezahlt, so kann der Regelbetrag als Unterhaltsvorschuss (UVG) beim Jugendamt beantragt werden. Dieser Anspruch besteht für Kinder bis zum 12. Lebensjahr und wird für längstens sechs Jahre gezahlt. Das Jugendamt kann dann versuchen, sich das Geld vom Unterhaltspflichtigen des Kindes zurückzuholen.

Der Individualunterhalt kann höher liegen als der Regelunterhalt. Er ist ein pauschalierter Betrag und richtet sich nach dem Einkommen des Barunterhaltspflichtigen. Von den meisten Gerichten wird zur Festsetzung der Unterhaltshöhe die sogenannte Düsseldorfer Tabelle benutzt. Diese gliedert den Unterhalt für minderjährige und volljährige Kinder nach Altersstufen und nach Einkommensgruppen. Das Einkommen ist stets das bereinigte Nettoeinkommen des Barunterhaltspflichtigen. Die Düsseldorfer Tabelle ist ein Modell für drei unterhaltsberechtigte Personen: der Ehegatte und zwei Kinder. Ist nur ein Kind zu versorgen, wird der Unterhaltspflichtige in die nächst höhere Einkommensgruppe eingestuft, sind drei und mehr Kinder zu versorgen in die nächst tiefere. Erhält der Ehegatte keinen Unterhalt, kann eine Höhergruppierung um zwei Stufen in Frage kommen. In den Unterhaltsbeträgen dieser Tabelle sind die Beiträge zur Kranken- und Pflegeversicherung nicht enthalten. Diese sind zusätzlich zu entrichten.

	Nettoeinkommen der Barunterhaltspflichtigen	Altersstufen in Jahren 0-5	Altersstufen in Jahren 6-11	Altersstufen in Jahren 12-17	Altersstufen in Jahren ab 18	Vomhundertsatz	Bedarfskontrollbetrag
1	bis 1300	188	228	269	311	100	730/840
2	1300-1500	202	244	288	333	107	900
3	1500-1700	215	260	307	355	114	950
4	1700-1900	228	276	326	377	121	1000
5	1900-2100	241	292	345	399	128	1050
6	2100-2300	254	308	364	420	135	1100
7	2300-2500	267	324	382	442	142	1150
8	2500-2800	282	342	404	467	150	1200
9	2800-3200	301	365	431	498	160	1300
10	3200-3600	320	388	458	529	170	1400
11	3600-4000	339	411	485	560	180	1500
12	4000-4400	358	434	512	591	190	1600
13	4400-4800	376	456	538	622	200	1700
14	über 4800	nach den Umständen des Falles					

Düsseldorfer Tabelle (in Euro) (Stand: 01.01.2002)

Volljährige Kinder, die noch zur Schule gehen, können bis zum 21. Lebensjahr Unterhalt von dem Elternteil verlangen, mit dem sie nicht zusammenleben. Sie haben in der Regel einen Unterhaltsanspruch von € 600 monatlich, zuzüglich der Kosten für Kranken- und Pflegeversicherung. Verfügen sie über eigenes Einkommen, wie beispielsweise Zinsen, Dividenden, Mieteinnahmen oder Einkünfte aus eigener Erwerbstätigkeit, so kann dieses Einkommen den Bedarf an Unterhalt mindern. Der Unterhaltsanspruch wird reduziert, wenn Einkünfte in Form einer Waisenrente oder Ausbildungsvergütung vorliegen. Verdienen sich Schüler/-innen nebenher Geld dazu, so wird dieser Betrag nicht angerechnet, ebenso bleiben die Einkünfte eines Studenten/einer Studentin in der Regel unberücksichtigt.

Anrechnung des Kindergeldes auf den Kindesunterhalt

Zum 01.01.2001 trat eine neue Kindergeldanrechnung in Kraft. Das Kindergeld steht den Eltern zu gleichen Teilen zu. Deshalb darf das Kindergeld pro Kind zur Hälfte auf den zu ermittelnden Unterhalt in der Düsseldorfer Tabelle angerechnet werden, aber nur wenn der Barunterhaltspflichtige einen Unterhalt in Höhe von 135 % des jeweiligen Regelsatzes – laut Düsseldorfer Tabelle – bezahlt, also in der Regel ab einem Einkommen von € 2.100.

Beispiel: *Ein dreijähriges Kind lebt bei der Mutter. Der Vater muss den Unterhalt bar zahlen. Er verfügt über ein Nettoeinkommen bis zu € 1.300 und hat laut Düsseldorfer Tabelle den Regelsatz von € 188 für sein Kind zu zahlen. Die Mutter erhält für das erste Kind Kindergeld in Höhe von € 154. Jedem Elternteil stehen somit € 77 zu. Wird die Hälfte des Kindergeldbetrages auf den Unterhaltsbetrag angerechnet, so müsste der Vater € 188 minus € 77, also € 111 monatlich zahlen. Die Mutter hätte folglich € 111 plus ihren Kindergeldanteil von € 77, also insgesamt € 188 als Kindesunterhalt zur Verfügung.*

Die neue Regelung sieht aber 135 % des jeweiligen Regelsatzes als Existenzminimum für den Kindesunterhalt vor (siehe in der Tabelle die Spalte »Vomhundertsatz«). Dies sind bei einem dreijährigen Kind 135 % von € 188, also € 254. In unserem Beispiel dürfte der Vater mit seinem Nettoeinkommen von bis zu € 1.300 seinen Anteil vom Kindergeld nicht auf den Unterhalt anrechnen, da sonst das Existenzminimum unterschritten wäre. Erst ab einem Nettoeinkommen von € 2.100 kann der Vater die Hälfte des Kindergeldes abziehen, so dass er dann € 177 monatlich an Kindesunterhalt zu zahlen hätte. Die Mutter erhielte somit € 177 plus ihren Kindergeldanteil von € 77, also insgesamt € 254 für das Kind, und damit 135 % des Regelsatzes.

Diese Regelung bedeutet, dass unabhängig vom Einkommen des Barunterhaltspflichtigen bis zur Einkommensgruppe 6 (€ 2.100 bis € 2.300) der Düsseldorfer Tabelle der gleiche Kindesunterhalt zu zahlen ist. Dies hat den Vorteil, dass bis zu dieser Einkommensstufe nicht mehr Auskunft über die Vermögensverhältnisse des Unterhaltspflichtigen eingeholt werden muss. Im Gegenteil, der unterhaltspflichtige Elternteil ist gefordert darzulegen, dass sein Einkommen geringer als € 2.300 ist. Damit hat der Gesetzgeber eine Art Existenzsicherung für das Kind eingeführt.

Ehewohnung

Wenn das Ehepaar im Trennungsjahr keine Einigung hinsichtlich der weiteren Nutzung der Ehewohnung erzielte, entscheidet im Rahmen der Scheidung auf Antrag das Familiengericht hierüber. Der Richter/die Richterin beurteilt die familiäre Situation, berücksichtigt schutzwürdige Interessen der Parteien und der Kinder am Verbleib in der Wohnung. Dabei spielen das Alter der Ehegatten und der Kinder, die Entfernung zur Arbeitsstelle, zur Schule oder die wirtschaftliche Situation eine Rolle, ebenso ob Eigenleistungen in die Wohnung/in das Haus eingebracht wurden etc.

Die Chancen auf eine Zuweisung der Ehewohnung für die Zeit nach der Scheidung sind gut, wenn sie von einem Ehegatten für sich und die Kinder beantragt wird. Der Richter/die Richterin kann z.B. veranlassen, den Mietvertrag zugunsten eines Ehegatten abzuändern. Ist ein Ehegatte Alleineigentümer einer Eigentumswohnung, so ist es möglich, dass das Familiengericht ein Mietverhältnis zwischen den Ehegatten begründet, weil z.B. der Auszug für den anderen Ehegatten, der Nichteigentümer ist, eine schwere Beeinträchtigung darstellt, insbesondere wenn Kinder involviert sind. Die Nutzung der Eigentumswohnung könnte auch zeitlich befristet erfolgen, z.B. bis der Schulwechsel ansteht. Das Gericht ist nicht ermächtigt direkt in Eigentumsverhältnisse einzugreifen und diese auf einen anderen zu übertragen. Für die Nutzung der Wohnung wird dann ein Mietzins festgelegt.

Zugewinnausgleich

Zum Zeitpunkt der Scheidung findet eine Auseinandersetzung des Vermögens des Ehepaares statt. Es ist nun wichtig festzustellen, welchen Güterstand diese Ehe hat (siehe auch das Kapitel »Güterrechtliche Besonderheiten bei binationalen Ehen«).

Wurde der Güterstand nicht in einem Ehevertrag festgelegt, gilt bei vielen binationalen Paaren der nach deutschem Familienrecht gesetzliche Güterstand, die Zugewinngemeinschaft. Diese Regelung besagt, dass jeder Ehegatte sein Vermögen behält, das er in die Ehe mitgebracht hat. Auch wenn ein Ehegatte während der Ehe geerbt hat, so gehört ihm allein das Vermögen. Der/die Ehepartner/in partizipiert nicht an dem Erbe, auch wenn dies vielfach vermutet wird. Geschenke gehören ebenfalls dem, der sie bekam und damit sein alleiniges Vermögen vergrößert.

Bei der Scheidung wird der Zugewinn – der Vermögenszuwachs – ermittelt, der während der Ehe von beiden Ehepartnern erworben wurde. Hierfür wird das Anfangs- und Endvermögen beider Ehegatten gegenübergestellt und derjenige, der während der Ehe mehr hinzugewonnen hat, gibt die Hälfte des Überschusses an den anderen ab. Um den Zugewinnausgleich errechnen zu können, besteht ein gesetzlicher Anspruch jedes Ehegatten gegen den anderen auf Auskunft über sein Endvermögen. Häufig ist es allerdings schwierig festzustellen, welches Vermögen die Ehegatten am Anfang hatten, vor allem wenn die Ehe über viele Jahre andauerte. Bei der Berechnung des Endvermögens gilt als Stichtag der Tag, an dem der Scheidungsantrag dem anderen zugestellt und damit rechtshängig wurde und nicht der Tag der Trennung. Bei einer längeren Trennungszeit können sich daher Vermögensverschiebungen ergeben haben, von denen der andere nichts weiß und an denen er nicht beteiligt war. Wenn Schulden vorhanden sind, so mindern diese den Zugewinn. Er kann aber nie negativ sein, da es keine Beteiligung an den Schulden des Ehegatten gibt. Das Familiengericht kann auf Antrag anordnen, dass der Zugewinn nicht in Geld ausgezahlt wird, sondern Vermögensgegenstände übertragen werden.

Namensführung

Nach der Scheidung besteht die Möglichkeit den Ehenamen abzulegen und beispielsweise den Geburtsnamen wieder anzunehmen. Das Gesetz bietet mehrere Alternativen an:

- Der Ehename kann beibehalten werden;
- der Geburtsname kann angenommen werden;
- der Name der ersten Ehe kann angenommen werden, wenn dieser der Name zum Zeitpunkt der zweiten Eheschließung war;
- ein Doppelname ist ebenfalls möglich, zusammengesetzt aus dem Geburtsnamen und dem Namen der letzten Ehe.

Die Namensänderung wird beim Standesamt des Wohnsitzes gegen eine Gebühr und nach Vorlage des rechtskräftigen Scheidungsurteils durchgeführt.

Kinder bleiben von der Namensänderung des Elternteils unberührt, d.h. es ist gesetzlich nicht möglich im Nachgang zu einer Scheidung die Namen der Kinder zu ändern. Geht allerdings ein allein sorgeberechtigter Elternteil eine neue Ehe ein, so ist eine sogenannte Einbenennung des Kindes möglich, so dass das Kind den Namen des Stiefelternteils erhält. Hierzu gibt das Ehepaar eine Erklärung gegenüber dem Standesbeamten ab. Sie können sich auch für einen Doppelnamen entscheiden, indem der neue Name dem bisherigen des Kindes vorangestellt oder angehängt wird. Die Einbenennung bedarf der Einwilligung des leiblichen Elternteils, wenn das Kind bisher dessen Namen trug. Diese Einwilligung kann auch durch das Familiengericht erfolgen, wenn die Namensänderung zum Wohl des Kindes erforderlich ist. Hat das Kind das fünfte Lebensjahr vollendet, so ist auch seine Einwilligung in die Namensänderung erforderlich.

Jörg Wegner

Trennung und Aufhebung gleichgeschlechtlicher eingetragener Lebenspartnerschaften

Was für Ehegatten/-innen die Scheidung ist, ist für eingetragene gleichgeschlechtliche Lebenspartnerschaften die Aufhebung. Leider hat sich der Gesetzgeber keinen besseren Begriff ausgedacht, denn es gibt auch bei Ehen die Möglichkeit ihrer Aufhebung. Die Eheaufhebung hat aber mit der hier gemeinten Aufhebung der Lebenspartnerschaft nichts zu tun.

Die Trennung ist bei Lebenspartnerschaften formal im Regelfall leichter als bei Ehegatten/-innen, zumal Lebenspartner/-innen keine Verpflichtung zur häuslichen Gemeinschaft haben. Allerdings ist die lebenspartnerschaftsgesetzliche Aufhebung eindeutig *schwieriger* als eine Scheidung.

Bei Lebenspartnern/-innen wird gemäß § 15 Lebenspartnerschaftsgesetz (LPartG) die Lebenspartnerschaft aufgehoben, wenn beide Partner/-innen erklärt haben, dass sie die Lebenspartnerschaft nicht fortsetzen wollen und seit dieser Erklärung, die öffentlich (notariell) beurkundet sein muss, ein Jahr vergangen ist (*einverständliche Aufhebung*). Gleiches gilt für die einseitige Aufhebung, wenn also nur ein/e Lebenspartner/-in die Aufhebung will. Allerdings müssen dann drei Jahre seit der Zustellung der Aufhebungserklärung vergangen sein.

Daneben gibt es noch die *Härtefallaufhebung*, die – ähnlich wie die Härtefallscheidung – ohne Frist vorgenommen werden kann, wenn die Fortsetzung der Lebenspartnerschaft für den/die Antragsteller/-in aus Gründen, die in der Person des/der anderen Lebenspartners/-in liegen, eine unzumutbare Härte wäre. Eine streitige Aufhebung der Lebenspartnerschaft nach einem Jahr – analog der streitigen Scheidung nach einem Jahr unter Nachweis der Zerrüttung – gibt es für Lebenspartner/-innen nicht.

Das heißt für Lebenspartner/-innen, die einseitig – also nicht einverständlich – die Aufhebung begehren, dass sie regelmäßig drei Jahre von der Zustellung der Aufhebungserklärung an warten müssen, bis ein Aufhebungsantrag gestellt werden kann.

Eine Trennungszeit wie bei Ehegatten gibt es nicht, dafür eine rigide Wartefrist. Das heißt in der Konsequenz sogar, dass Lebenspartner/-innen, die ihre Lebenspartnerschaft aufheben lassen wollen, trotz Abgabe der beurkundeten Aufhebungserklärung weiterhin zusammenleben können – auch als Paar. Dies wäre für die Aufhebung unschädlich, da es keine Trennungszeit und auch keine Zerrüttungsprüfung gibt.

Die lange Wartefrist bei einseitigem Aufhebungsbegehren wirft gerade bei binationalen Lebenspartnerschaften besondere Fragen auf. Lebt nämlich der oder die Lebenspartner/-in nach Scheitern der Lebenspartnerschaft wieder im Ausland, so kann durch Zustellungserfordernisse, die schon manch deutsch-ausländisches Scheidungsverfahren unendlich in die Länge ziehen, die Aufhebung ohne zusätzliche Komplikationen sechs bis sieben Jahre ab dem Zeitpunkt der einseitigen Aufhebungserklärung dauern. In dieser Zeit kann der/die aufhebungswillige Lebenspartner/-in keine neue Lebenspartnerschaft eingehen. Ob eine solche Regelung nicht gegen das verfassungsrechtliche Verhältnismäßigkeitgebot verstößt, wäre in entsprechenden Verfahren zu prüfen.

Die Aufhebungserklärung ist widerrufbar, allerdings muss der Widerruf auch öffentlich beurkundet werden. Die Erklärungen dürfen nicht unter einer Bedingung oder Zeitbestimmung abgegeben werden.

Um die langen Fristen ggf. zu umgehen, werden Vorratserklärungen als ein Mittel der Wahl vorgeschlagen. Die Lebenspartner/-innen könnten in gewissen Abständen den Notar/die Notarin aufsuchen, eine solche Erklärung abgeben und sie bei Bedarf bei Gericht einreichen. Allerdings sollte dem Notar nicht mitgeteilt werden, dass es sich um eine Vorratserklärung handelt, weil er sonst seine Mitwirkung versagen müsste. Für binationale Paare sind Vorratserklärungen aber *nicht* zu empfehlen, da diese die ausländischen Partner/-innen erpressbar machen können. Sie könnten gegenüber der Ausländerbehörde als Nachweis einer nicht mehr bestehenden lebenspartnerschaftlichen Gemeinschaft benutzt werden.

Die Aufhebung unterliegt wie die Scheidung dem Anwaltszwang. Der Aufhebungsantrag muss beim Familiengericht gestellt werden. Der Streitwert für die Aufhebung wird wie bei Ehescheidungen über das dreifache Nettoeinkommen beider Lebenspartner/innen errechnet. Die Kosten des Verfahren sind – wie bei Eheleuten – im Regelfall gegeneinander aufzuheben, d.h. jeder trägt seine eigenen Anwaltskosten und die Hälfte der Gerichtskosten.

Internationale Gültigkeit von Gerichtsentscheidungen

Binationale Ehepaare lassen sich oftmals auch außerhalb der Bundesrepublik scheiden, entweder weil sich der letzte gemeinsame eheliche Wohnsitz dort befand oder weil dort die Scheidung kostengünstiger durchzuführen ist. Daher stellt sich vermehrt die Frage, ob gerichtliche Entscheidungen auch über nationale Grenzen hinaus rechtswirksam sind.

Anerkennung ausländischer Scheidungsurteile in Deutschland

Ein ausländisches Scheidungsurteil ist nicht ohne Weiteres in Deutschland gültig, sondern bedarf der Anerkennung eines Landesjustizministeriums.

Ein Ehegatte, in der Regel der inländische, stellt einen entsprechenden Antrag an das Justizministerium des Bundeslandes, in dem er seinen Wohnsitz hat. Das Justizministerium des Landes prüft nach § 328 Zivilprozessordnung (ZPO), ob die Voraussetzungen für die Anerkennung vorliegen. Das ausländische Gericht muss auch nach deutschen Vorschriften für das Scheidungsverfahren zuständig gewesen sein. Entscheidend ist dabei, dass das Scheidungsverfahren im Ausland rechtshängig war, bevor in Deutschland die Rechtshängigkeit eintrat. Dies wird daran festgemacht, wo der Scheidungsantrag zuerst zugestellt wurde.

Eine weitere wichtige Voraussetzung ist, dass der/die Beklagte bzw. Antragsgegner/-in ordnungsgemäß von dem Verfahren in Kenntnis gesetzt wurde und dass die Anerkennung des Urteils zu einem Ergebnis führt, das mit den wesentlichen Grundsätzen des deutschen Rechts, insbesondere dem Grundgesetz, vereinbar ist.

Anerkannt wird nur der Ausspruch der Scheidung, nicht die Scheidungsfolgen, wie z.B. die Regelung der elterlichen Sorge, der Ehegatten- und der Kindesunterhalt, der Versorgungsausgleich oder der Zugewinn. Diese Folgesachen können auch nach einer Scheidung im Ausland im Bundesgebiet geltend gemacht und in einem gesonderten Verfahren verhandelt werden.

Anerkennung deutscher Scheidungsurteile im Ausland

Umgekehrt erhebt sich natürlich auch die Frage, ob im Herkunftsland des ausländischen Ehegatten das Scheidungsurteil eines deutschen Gerichtes anerkannt wird. Da solch ein Verfahren in den einzelnen Ländern unterschiedlich gehandhabt wird, sollten konkrete Informationen eingeholt werden. In einigen Ländern genügt die Registrierung, in anderen ist ein förmliches Verfahren durchzuführen. Schwierigkeiten mit der Anerkennung kann es bei der einverständlichen Scheidung nach deutschem Recht geben, wenn die andere Rechtsordnung nur eine Scheidung aus Verschulden kennt. Darüber hinaus gibt es immer noch einige Länder (z.B. die Philippinen), deren Rechtssystem keine Scheidung vorsieht. Hier kann eine deutsche Scheidung überhaupt nicht anerkannt werden. In solchen Fällen wird dann von einer sogenannten »hinkenden Ehe« gesprochen, weil die Ehe zwar in Deutschland geschieden ist, im Heimatland des ausländischen Ehegatten aber noch fortbesteht.

Vielfach ist für die Anerkennung eines deutschen Scheidungsurteils im Ausland von Bedeutung, dass der Tatbestand und die Gründe für die Scheidung im Scheidungsurteil aufgeführt werden. Deutsche Familiengerichte verzichten insbesondere bei einvernehmlichen Scheidungen oft auf diese Angaben. Die Überprüfung eines solchen Urteils ist der ausländischen Behörde dann nicht möglich, so dass eine Anerkennung im Ausland schon daran scheitern kann.

Weiterhin sollte darauf geachtet werden, dass ein Sachverhalt im Scheidungsantrag vorgetragen wird, der auch nach dem Recht des ausländischen Ehegatten eine Scheidung begründen würde. In vielen Ländern sind Gründe für eine Scheidung vorzubringen, z.B. Ehebruch, böswilliges Verlassen usw.; die bloße Zerrüttung der Ehe, die nach deutschem Recht genügt, ist oft nicht ausreichend um eine Anerkennung im Ausland zu erreichen.

Besonderheiten in den Mitgliedstaaten der Europäischen Union

Die Zusammenarbeit und das Zusammenwachsen der Mitgliedstaaten in der Europäischen Union ist fortgeschritten und umfasst schon lange nicht mehr nur den Wirtschaftsbereich. Insbesondere in den letzten Jahren wurden zunehmend familienrechtliche Aspekte in Angriff genommen.

Seit dem 01. März 2001 ist die Verordnung (EG) Nr. 1347/2000 in Kraft, die in Fachkreisen auch als Brüssel II Verordnung bekannt ist. Sie bezieht sich auf die gegenseitige Anerkennung und Vollstreckung von Entscheidungen in Ehesachen. Damit werden gerichtliche Urteile und Beschlüsse wie z.B. ein Scheidungsurteil gegenseitig anerkannt, ohne dass es eines besonderen Anerkennungsverfahrens bedarf. Ein französisches Scheidungsurteil beispielsweise hat uneingeschränkte Geltung, wenn es in einem verfassungsrechtlichen Verfahren zustande gekommen und in Kraft getreten ist. Selbst ein im Rahmen einer Scheidung ergangener Beschluss über die elterliche Sorge für gemeinsame und gemeinsam adoptierte Kinder ist automatisch auch in den anderen EU-Staaten anerkannt und vollstreckbar, ohne ein gesondertes Verfahren anzustrengen. Diese Verordnung umfasst nur Sorgerechtsbeschlüsse, die im Rahmen der Scheidung erfolgt sind. Jene, die in einem isolierten Verfahren – z.B. nach einer erfolgten Scheidung – ergehen, fallen bisher nicht unter diese Bestimmung. Entwürfe, die eine weitere Anerkennung und Vollstreckung familienrechtlicher Entscheidungen und Beschlüsse vorsehen, befinden sich zurzeit in Diskussion. Sie sind zu erwarten angesichts eines Strebens nach Vereinheitlichung in der Europäischen Union.

Die Kinder

Kinder können leicht einer der Hauptkonfliktpunkte bei einer Trennung oder Scheidung werden. Während Paare ohne gemeinsame Kinder sich trennen und scheiden lassen können ohne möglicherweise je wieder ein Wort miteinander zu wechseln, müssen Paare mit Kindern nach der Trennung eine neue Ebene finden: Als Eltern sollen sie im Interesse der Kinder miteinander kooperieren und einvernehmliche Regelungen für Fragen, die die Kinder betreffen, finden. In der akuten Trennungssituation ist das nicht gerade leicht. Viele Paare trennen sich ja gerade deswegen, weil sie für viele Konfliktpunkte keine einvernehmlichen Lösungen mehr finden, weil es Vertrauensbrüche gibt und eine Verständigung kaum oder gar nicht mehr möglich ist.

Viele Paare schaffen es jedoch im Laufe der Zeit zwischen den Konflikten auf der Paarebene und den Konflikten auf der Elternebene zu unterscheiden und schließlich als Eltern weiterhin miteinander in Kontakt zu bleiben und zu kooperieren. Wenn es allerdings langfristig schwerwiegende Konflikte zwischen den Eltern gibt, wenn gar besondere Probleme vorliegen, wie z.B. Gewalt in der Partnerschaft, kann es sinnvoll und hilfreich sein, Fragen der elterlichen Sorge oder des Umgangs durch das Familiengericht regeln zu lassen.

Eltern haben in allen Fragen der Partnerschaft, Trennung und Scheidung sowie bei Fragen zur elterlichen Sorge und zum Umgang außerdem einen gesetzlich verankerten Rechtsanspruch auf Beratung und Unterstützung. Sie können sich mit ihren Fragen und Problemen an das zuständige Jugendamt oder an örtliche Beratungsstellen wenden. Auch Kinder haben ein Recht auf Beratung und Hilfe.

Die elterliche Sorge

Seit der Kindschaftsrechtsreform 1998 bleiben nach einer Trennung oder Scheidung zunächst beide Eltern weiterhin gemeinsam sorgeberechtigt. Nur wenn ein Elternteil ausdrücklich einen Antrag auf Regelung der elterlichen Sorge stellt, wird vor Gericht darüber verhandelt.

Die alleinige elterliche Sorge kann von einem Elternteil im Verbund mit der Scheidung oder in einem getrennten Verfahren, z.B. auch noch nach bereits erfolgter Scheidung, beantragt werden. Dem Antrag auf die alleinige elterliche Sorge ist vom Familiengericht allerdings nur dann stattzugeben, wenn entweder der andere Elternteil zustimmt oder wenn »zu erwarten ist, dass die Aufhebung der gemeinsamen Sorge und Übertragung auf den Antragsteller dem Wohl des Kindes am besten entspricht« (§ 1671 Abs. 2 BGB).

Für Eltern, die nicht miteinander verheiratet sind, jedoch die gemeinsame elterliche Sorge für ihr Kind erklärt haben, gelten in Sorgerechts- und auch in Umgangsfragen die gleichen Regelungen wie für miteinander verheiratete Eltern.

Wurde einem Elternteil während der Trennungszeit die alleinige elterliche Sorge übertragen, so gilt diese Entscheidung auch über die Scheidung hinaus, es sei denn, das Gericht hat ausdrücklich die Entscheidung nur für die Zeit des Getrennt-Lebens getroffen. In diesem Fall muss bei der Scheidung wieder über das Sorgerecht gesprochen und entschieden werden.

Die elterliche Sorge beinhaltet die persönliche Sorge für das minderjährige Kind und die Vermögenssorge. Die Personensorge umfasst die Pflicht und das Recht der Eltern, ihr Kind zu versorgen, es zu beaufsichtigen und zu erziehen, seinen Aufenthalt zu bestimmen sowie den Kontakt des Kindes mit dritten Personen zu regeln. Die Personensorge bedeutet auch die gesetzliche Vertretung des Kindes.

Die Entscheidungsbefugnis der Eltern ist begrenzt durch die wachsende Fähigkeit und das wachsende Bedürfnis des Kindes zu selbständigem und verantwortungsbewussten Handeln. Eltern sollen ihr Kind altersgemäß in Entscheidungen mit einbeziehen, anstehende Fragen mit ihm besprechen und Einigung anstreben. Auch in der Frage der elterlichen Sorge wurde den Kindern vom Gesetzgeber ein Mitspracherecht eingeräumt. Gemäß § 1671 Abs. 2 BGB darf eine Sorgerechtsentscheidung nicht gegen den Willen eines über 14-jährigen Kindes erfolgen.

Für die Übertragung der alleinigen elterlichen Sorge auf nur einen Elternteil muss dieser gute Gründe vortragen, die deutlich machen, dass die Aufhebung der gemeinsamen elterlichen Sorge dem Wohl des Kindes am besten entspricht. Solche Gründe können sein:

- mangelnde Kooperationsfähigkeit oder Kooperationswilligkeit des anderen Elternteils;

- Gewaltanwendung eines Elternteils gegen den anderen oder gegen das Kind;
- Ungeeignetheit des anderen Elternteils zur Pflege und Erziehung des Kindes; Gleichgültigkeit des anderen Elternteils;
- die deutliche Bindung des Kindes an den Elternteil, der die alleinige Sorge begehrt; die bisherige Versorgung des Kindes durch diesen Elternteil; der Wille des Kindes;
- angedrohte oder begründete Befürchtung einer Kindesentführung.

Die Gründe und Argumente müssen im Streitfall sehr konkret durch die Schilderung von Vorfällen und Ereignissen belegt und bewiesen werden.

Wird von keinem Elternteil ein Antrag auf Alleinsorge gestellt, so ist in dieser Frage keine Entscheidung vom Familiengericht zu treffen, allerdings muss im Scheidungsantrag das Gericht darüber informiert werden, wenn Kinder von der Scheidung betroffen sind. Das Gericht muss die Eltern zur elterlichen Sorge anhören und auf Beratungsmöglichkeiten hinweisen. Außerdem informiert das Gericht das Jugendamt, das wiederum seinerseits den Eltern ein Beratungsangebot unterbreitet. Die Annahme des Beratungsangebotes liegt in der Entscheidung der Eltern.

Wenn allerdings ein Sorgerechtsverfahren läuft, schaltet das Familiengericht das Jugendamt ein mit der Bitte um eine Stellungnahme. Die Eltern werden in diesem Fall vom Jugendamt zu Gesprächen eingeladen, um gemeinsam mit den Eltern zu klären, welche Regelungen im Interesse der Kinder sind. Über das Ergebnis der Gespräche mit den Eltern wird das Familiengericht vom Jugendamt informiert.

Sowohl das Familiengericht wie die Jugendämter sind verpflichtet, Kinder altersgemäß in die Entscheidungsprozesse mit einzubeziehen. Bis zum Alter von 14 Jahren sollen sie angehört werden, ab diesem Alter müssen sie angehört werden.

In sehr streitigen Verfahren oder bei schwerwiegenden möglicherweise das Kindeswohl gefährdenden Problemlagen kann das Gericht außerdem ein Gutachten in Auftrag geben um eine weitere fachliche Meinung einzuholen.

Die gemeinsame elterliche Sorge

Üben Eltern nach einer Trennung oder Scheidung weiterhin die gemeinsame elterliche Sorge aus, so müssen sie sich in allen Fragen, die für die Entwicklung und den weiteren Lebensweg des Kindes von grundsätzlicher Bedeutung sind, abstimmen. Dies sind zum Beispiel die Schulwahl, religiöse Orientierung, grundsätzliche Fragen der Gesundheitsversorgung, größere Operationen, Vermögensfragen. Der Elternteil, bei dem das Kind lebt, hat allerdings die Alleinentscheidungsbefugnis in allen Angelegenheiten des alltäglichen Lebens, wie der alltäglichen Betreuung und Versorgung. Der Elternteil, den das Kind regelmäßig besucht, bei dem es die Ferien verbringt, kann in dieser Zeit ebenfalls über Alltagsfragen, wie Schlafenszeiten oder mit wem das Kind zusammentrifft, allein entscheiden.

Gelegentlich ist strittig, welche Aspekte nun in den Bereich der Alltagsfragen fallen und welche Fragen von grundsätzlicher Bedeutung sind. Während regelmäßig dem Elternteil, bei dem das Kind lebt, zugestanden wird die Wahl des Kindergartens eigenständig zu entscheiden, ist dies bei der Wahl der Grundschule schon umstritten. Die Entscheidung für eine weiterführende Schule ist jedenfalls ein grundsätzliche Frage, die die Eltern einvernehmlich regeln müssen. Strittig ist auch, wie ein Umzug einzuordnen ist. Zieht das Kind nur in einen benachbarten Stadtteil, mag dies der Elternteil entscheiden, bei dem das Kind lebt. Ein Umzug in eine andere Stadt wäre jedoch üblicherweise mit dem anderen Elternteil abzustimmen.

Können sich gemeinsam sorgeberechtigte Eltern über einzelne Fragen nicht einigen, besteht die Möglichkeit das Gericht anzurufen. Wenn auch hier die Vermittlungsbemühungen scheitern, kann das Familiengericht einem Elternteil bezüglich eines Konfliktthemas die Alleinentscheidungsbefugnis übertragen. Im Ergebnis kann das z.B. heißen, ein Elternteil darf alleine in Gesundheitsfragen entscheiden, ansonsten üben die Eltern weiterhin gemeinsam die elterliche Sorge aus.

Besonderheiten bei binationalen Familien

Ein häufiges Konfliktthema bei binationalen Familien ist z.B. der Wunsch eines Elternteils, das gemeinsame Kind zu einer Besuchsreise mit ins Heimatland zu nehmen. Gerade, wenn die Trennung sehr strittig war, bestehen auf Seiten des deutschen Elternteils viele Vorbehalte, z.B. dass das Kind nicht ausreichend versorgt und betreut wird, dass Klima oder hygienische Bedingungen dem Kind schaden könnten. Aber auch die Angst, dass das Kind vielleicht nicht mehr nach Deutschland zurückgebracht werden könnte, führen in aller Regel dazu, dass ein solcher Heimaturlaub kategorisch abgelehnt wird.

Tatsächlich darf ein Elternteil das Kind nur dann auf eine ausgedehnte Reise mitnehmen, wenn der andere Elternteil zustimmt oder wenn – im

Streitfall – im familiengerichtlichen Verfahren dem betreffenden Elternteil dies eingeräumt wurde.

Bei einem Umzug ins Ausland gilt in gleicher Weise, dass dies nur dann möglich ist, wenn der andere Elternteil zustimmt, bzw. wenn der Elternteil, der das Kind mitnimmt, alleine sorgeberechtigt ist. Nimmt ein Elternteil bei bestehender gemeinsamer elterlicher Sorge ein Kind gegen den Willen des anderen Elternteils mit ins Ausland, ist dies eine Kindesentführung, die strafrechtliche und zivilrechtliche Konsequenzen nach sich ziehen kann (siehe Kapitel »Kindesentführung«).

Zunehmend entsteht bei binationalen Familien auch die Frage, ob und wie sie die gemeinsame Sorge ausüben können, wenn die Eltern in verschiedenen Ländern leben. Sind die Eltern sich einig, dass sie gemeinsam sorgeberechtigt bleiben wollen, kann eine Vollmacht des im Ausland lebenden Elternteils sinnvoll sein, z.B. wenn dessen Unterschrift benötigt wird, etwa für die Eröffnung eines Sparbuches, die Beantragung des Kinderausweises und ähnliches.

Sind die Eltern jedoch zerstritten und solche Lösungen nicht möglich, kann es notwendig werden die alleinige elterliche Sorge zu beantragen, um Alltagsfragen regeln zu können.

Die gemeinsame elterliche Sorge kann auch an ganz anderer Stelle für binationale Paare besondere Bedeutung haben: Ein ausländischer Elternteil, der für ein Kind, das in Deutschland lebt, sorgeberechtigt ist, hat einen Anspruch auf eine Aufenthaltsgenehmigung. Ausländische Elternteile, die nach einer Trennung ihr Aufenthaltsrecht nicht mehr aus der Ehe ableiten können, haben dann weiterhin das Recht in Deutschland zu bleiben, wenn sie die elterliche Sorge für ihr in Deutschland lebendes Kind ausüben. Dies gilt ebenso für Paare, die nicht miteinander verheiratet sind, aber für ihr Kind die Ausübung der gemeinsamen elterlichen Sorge erklärt haben.

Das Umgangsrecht

Der Kontakt mit seinem von ihm getrennt lebenden Elternteil ist nicht nur ein elementares Recht eines jeden Kindes, es ist im Regelfall auch ein grundlegendes emotionales Bedürfnis und eine wichtige Voraussetzung für eine gesunde Entwicklung.

Umgangskontakte sollen in erster Linie den Fortbestand der Beziehung zwischen dem Kind und dem getrennt lebenden Elternteil sichern. Sie vermitteln dem Kind ein Stück Kontinuität und Stabilität, sie helfen ihm die Trennung zu verarbeiten und ein stimmiges Bild seiner veränderten Familie zu entwickeln – mit Eltern, die zwar getrennt voneinander leben, die jedoch weiterhin seine Familie sind. Umgangskontakte geben Kindern die Möglichkeit ein eigenes Bild vom getrennten Elternteil zu entwickeln, verhindern Idealisierungen und Horrorbilder. Sie geben dem Kind die Gelegenheit sich auch in der Auseinandersetzung mit diesem Elternteil zu reiben und zu entwickeln.

Der Umgang ist der Bereich, in dem die getrennten Partner und die gemeinsamen Kinder langfristig Berührungspunkte haben, in dem sie sich auseinandersetzen und Regelungen finden müssen – und in dem es immer wieder zu Konflikten kommt.

Die Reform des Kindschaftsrechts von 1998 brachte hinsichtlich des Umgangs einige Neuerungen. Unter anderem hat der Gesetzgeber der Bedeutung und Verantwortung beider Eltern für die Kinder Rechnung getragen. In der gesetzlichen Formulierung heißt es: »Das Kind hat das Recht auf Umgang mit jedem Elternteil; jeder Elternteil ist zum Umgang mit dem Kind verpflichtet und berechtigt« (§ 1684 BGB Abs. 1). Eltern wird somit nicht nur ein Recht auf Umgang eingeräumt, sondern ausdrücklich die Verpflichtung dazu. Zugleich wurde das Umgangsrecht als ein eigenes Recht auf Seiten des Kindes anerkannt.

Können sich Eltern über die Regelung des Umgangs nicht einigen, haben sie die Möglichkeit, das Familiengericht anzurufen. Wie in Sorgerechtsverfahren schaltet das Familiengericht das Jugendamt ein, welches die Eltern einerseits berät, andererseits eine Stellungnahme für das Familiengericht anfertigt. Sind die Eltern sehr zerstritten und hat das Gericht den Eindruck, dass die Eltern die Interessen ihres Kindes nicht gut vertreten können, weil z.B. die Interessen eines Elternteils mit den Interessen des Kindes kollidieren, kann das Gericht dem Kind einen eigenen Verfahrenspfleger zuordnen (Anwalt des Kindes). Bei schwierigen Problemstellungen, z.B. wenn die Frage im Raum steht, ob Kinder durch den Umgang gefährdet sein könnten, kann das Gericht zu diesem Problem ein Gutachten in Auftrag geben.

Ein Umgangsrecht können auch andere Personen beanspruchen, zu denen das Kind eine Beziehung hat, wie Großeltern, Geschwister oder z.B. auch ein Partner eines Elternteils, mit dem das Kind früher in häuslicher

Gemeinschaft gelebt hat. In strittigen Fällen kann dieser Personenkreis ein Umgangsrecht vor dem Familiengericht jedoch nur dann durchsetzen, wenn der Umgang dem Wohl des Kindes dient.

Da nicht mehr zwischen ehelichen und nichtehelichen Kindern unterschieden wird, haben Väter nichtehelicher Kinder die gleichen Rechte – und Pflichten – in Bezug auf den Umgang wie die Väter von ehelichen Kindern.

Wird eine einmal vor Gericht getroffene Umgangsregelung nicht eingehalten, besteht die Möglichkeit, das Gericht zu einer Vermittlung anzurufen (§ 52 FGG). Das Gericht ist gehalten, die Eltern möglichst kurzfristig zu einem Vermittlungstermin einzuladen und dazu auch das persönliche Erscheinen anzuordnen. Kommen beide Eltern zu diesem Termin, soll das Gericht mit ihnen die Folgen eines Unterbleibens des Umganges für das Wohl des Kindes erörtern und dabei auch auf mögliche Rechtsfolgen der Verweigerung hinweisen, bis hin zum Entzug der elterlichen Sorge.

Wenn es zu keiner Einigung kommt oder ein Elternteil nicht zum Vermittlungstermin erscheint, so kann das Gericht von Amts wegen Zwangsmittel ergreifen, bzw. Änderungen der Umgangsregelungen vornehmen oder sogar Maßnahmen in Bezug auf die elterliche Sorge ergreifen.

Ausgestaltung des Umgangsrechts

Wie eine Umgangsregelung im Einzelfall aussehen könnte oder sollte, hängt von mehreren Faktoren ab, allgemeingültige Regelungen lassen sich kaum formulieren. Für eine kindgerechte und praktikable Umgangsregelung sind zu berücksichtigen:

- Alter und Entwicklungsstand des Kindes;
- bisheriger Kontakt zwischen Kind und Elternteil;
- Wünsche und Bedürfnisse des Kindes;
- Wohnentfernung der Eltern zueinander;
- Lebens- und Arbeitsbedingungen beider Elternteile.

Bei Kleinkindern geht man beispielsweise davon aus, dass häufigere kürzere Umgangskontakte günstiger sind, als weit auseinanderliegende längere Kontakte. Für diese Kinder wären wöchentliche Umgangskontakte wünschenswert. Eine Übernachtung kommt bei Kleinkindern häufig nicht in Frage, es sei denn, der umgangsberechtigte Elternteil war schon früher mit in die Pflege und Versorgung des Kindes eingebunden, so dass das Kind auch zu diesem Elternteil eine enge Beziehung hat.

Bei etwas älteren Kindern, ab vier bis fünf Jahren, können Wochenendbesuche beim anderen Elternteil versucht werden. Manche Kinder tolerieren eine Übernachtung beim anderen Elternteil jedoch erst in späterem Alter. Bei einem guten Kontakt zwischen dem Kind und dem umgangsberechtigten Elternteil funktionieren Wochenendbesuche mit Übernachtung in der Regel ab dem Vorschulalter. Üblich ist z.B. die Regelung, dass die Kinder dann jedes zweite Wochenende beim umgangsberechtigten Elternteil verbringen, manchmal zusätzlich einen Tag unter der Woche sowie jeweils die Hälfte der Ferien und einen Teil der Feiertage nach Absprache. Eltern sollten jedoch diese Standard-Regelungen nicht zu einem »Muss« erheben. Abhängig von den Wünschen und Bedürfnissen der Kinder sowie den Lebensbedingungen beider Eltern können andere Regelungen sinnvoller sein.

Je älter die Kinder werden, umso mehr sind Umgangswochenenden auch Termine im Kalender der Kinder, die möglicherweise mit anderen Terminen kollidieren, mit dem Geburtstag des Freundes, dem Fußballturnier, dem Wunsch mal herumzuhängen und nur Musik zu hören. Flexible Umgangsregelungen, aber auch die Übernahme von Pflichten durch den umgangsberechtigten Elternteil, z.B. das Kind am Besuchswochenende zum Fußballtraining zu bringen, können notwendig sein, damit der Umgang funktioniert und befriedigend ist – und nicht nur Stress für alle Beteiligten bedeutet. Zu bedenken ist auch, dass ein längeres Zusammensein mit dem Kind, z.B. in den Ferien, die Beziehung zwischen dem Kind und dem getrennten Elternteil mehr festigen kann als ständige Kurzbesuche.

Konflikte um den Umgang

Unterschiedliche Erziehungsvorstellungen, unterschiedliche Bedürfnisse und Erwartungen der Eltern können Ursachen für Umgangskonflikte sein, genauso wie noch nicht abgeschlossene bzw. immer wieder aktualisierte Trennungs- bzw. Partnerkonflikte.

Auf Seiten des betreuenden Elternteils – heutzutage immer noch ganz überwiegend die Mutter – gibt es erfahrungsgemäß viele Vorbehalte und Ängste, ob der Umgang und die Form, wie dieser gestaltet wird, tatsächlich dem Kind gut tun. Andere Spielregeln beim Vater, andere Essens- und Schlafenszeiten, eine neue Partnerin, zu viel Fernsehen und vieles mehr können die Sorge schüren, die eigenen Erziehungsvorstellungen würden sabotiert oder das Kind würde gezielt aufgehetzt. Aber auch Unzuverlässigkeit, kurzfristige Absagen, ein immer wieder enttäuschtes Kind können ernsthafte Zweifel am Sinn eines Umgangs aufkommen lassen. Kommen dann noch auffällige Reaktionen des Kindes hinzu, äußert es z.B., es wolle nicht mehr zum Papa, so haben viele Mütter das Gefühl, sie müssten ihr Kind schützen und den Umgang am besten erst einmal unterbinden.

Bevor Schritte eingeleitet werden, die den Umgang einschränken, sollte jedoch sehr genau überprüft werden, worin die Probleme wurzeln. Ein Kind, das nach dem Umgang aggressiv oder traurig ist, leidet möglicherweise in erster Linie unter der Trennung der Eltern und benötigt Hilfen, diese zu verarbeiten. Eine Reduzierung des Umgangs ist möglicherweise genau das Falsche, da die Befürchtungen des Kindes, einen Elternteil zu verlieren, bestätigt werden. Betreuende Elternteile – Mütter wie Väter – setzen sich leicht dem Vorwurf aus, nur aus Rache am früheren Partner, aufgrund von nicht verarbeiteten Trennungskonflikten den Umgang zu erschweren. Tatsächlich ist es für die Betroffenen nicht immer leicht diesen Anteil am Konflikt zu erkennen und aus der Diskussion um die Kinder herauszuhalten.

Wenn Eltern sich Sorgen machen, der Umgang oder die jeweilige Regelung könnten ihrem Kind schaden, sollten sie vor dem Ergreifen einschränkender Maßnahmen zunächst fachkundige Beratung einholen. Erste Ansprechpartner sind hier die zuständigen Jugendämter sowie örtliche Beratungsstellen, z.B. Erziehungsberatungsstellen, Kinderpsychologen oder Therapeuten.

Wenn das Kind den Umgang ablehnt

Wenn Kinder bei einzelnen Umgangsterminen oder generell in ihrem Verhalten oder auch sprachlich klar äußern, dass sie nicht zum anderen Elternteil wollen, stehen Eltern wie Fachleute vor vielen Fragen: Einerseits ist es wichtig, Wünsche und Bedürfnisse der Kinder zu respektieren und auch darauf einzugehen, andererseits müssen die Äußerungen des Kindes vor dem Hintergrund der Vorgeschichte und der aktuellen Situation gedeutet und verstanden werden. Wenn die Eltern große Konflikte miteinander austragen, kann es z.B. passieren, dass die Kinder die großen Spannungen zwischen den Eltern nicht mehr ertragen können, dass sie sich zwischen den Fronten fühlen und sich schließlich auf eine Seite schlagen um der großen emotionalen Belastung zu entfliehen. In diesen Fällen ist der Grund für die Ablehnung des Umgangs dann in erster Linie der schwere Konflikt zwischen den Eltern und nicht etwa die schlechte Beziehung zwischen dem Kind und einem Elternteil.

Im Einzelfall können aber auch auf Seiten des umgangsberechtigten Elternteils Defizite im Umgang mit seinem Kind bestehen, möglicherweise ein mangelndes Verständnis für die Wünsche und Bedürfnisse des Kindes, ein/e neue/r Partner/in, mit dem/der sich das Kind nicht versteht und vieles mehr. Auf Seiten des betreuenden Elternteils kann eine Rolle spielen, dass dieser das Kind nach einer Trennung zu sehr an sich bindet und ihm keinen Raum lässt für eine gute Beziehung zum anderen Elternteil.

Wenn Kinder den Umgang ablehnen, sollten Eltern möglichst bald fachlichen Rat einholen, da ansonsten eine Verfestigung der Haltung der Kinder eintreten kann, die sich dann unter Umständen nur noch schwer aufheben lässt.

Das Kindeswohl hat Vorrang

Wenn es Hinweise darauf gibt, dass das Kind im Verlauf von Umgangskontakten gefährdet ist, z.B. weil ein Elternteil ein Alkohol- oder Drogenproblem hat, weil eine psychische Erkrankung vorliegt, ein Verdacht auf sexuellen Missbrauch besteht oder aber eine gezielte negative Beeinflussung des Kindes gegen den betreuenden Elternteil deutlich wird, kann der Umgang eingeschränkt oder für eine gewisse Zeit ganz ausgesetzt werden. Diese Maßnahme kann auch bei einer vorliegenden Gewaltproblematik erforderlich werden. Gerade in akuten Trennungssituationen kommt es immer wieder zu erneuten Eskalationen, die – in der Regel – Frauen und Kinder im Zuge von Umgangskontakten der Gefahr weiterer gewalttätiger Übergriffe aussetzen.

Vor einem völligen Ausschluss des Umgangs ist jedoch vom Gericht zu prüfen, ob durch andere Mittel, die weniger schwer eingreifen, einerseits das Wohl des Kindes gewährleistet, andererseits der weitere Kontakt zwischen dem Kind und dem getrennten Elternteil ermöglicht werden kann. Der Gesetzgeber hat hierzu in § 1684 Abs. 4 BGB die Möglichkeit des beschützten Umgangs vorgesehen. Das Familiengericht kann beschließen, dass der Umgang nur in Gegenwart eines »mitwirkungsbereiten Dritten« stattfinden kann. Dies können sowohl Privatpersonen sein, z.B. die Großeltern oder von beiden Eltern akzeptierte Vertrauenspersonen oder aber Einrichtungen aus dem Bereich der Jugendhilfe (Jugendämter, Beratungsstellen).

In den letzten Jahren haben sich in vielen Orten verschiedene Einrichtungen, Erziehungsberatungsstellen oder z.B. der Deutsche Kinderschutzbund dieses neuen Arbeitsfeldes angenommen und Angebote zum beschützten bzw. begleiteten Umgang entwickelt. Auch die iaf-Beratungsstellen in München, Frankfurt und Hamburg bieten die Möglichkeit eines begleiteten Umgangs für binationale Familien an. Informationen zu Beratungs- bzw. Unterstützungsmöglichkeiten vor Ort sollten Eltern beim zuständigen Jugendamt erfragen.

Kindesentführung durch einen Elternteil

Zu den Begriffen

Kindesentführung, Kindesmitnahme, Kindesentzug – die unterschiedlichen Begriffe sind der Versuch sprachlich zu unterscheiden zwischen einer Entführung durch einen fremden Täter – einem hochkriminellen Akt – und der Tat eines Elternteils, der im Zusammenhang mit familiären Krisen und Konflikten das gemeinsame Kind ins Ausland bringt. Die Begriffe Kindesentzug und Kindesmitnahme sollen die familiäre Dynamik im Hintergrund in das Blickfeld rücken. Allerdings ist und bleibt eine Kindesmitnahme oder ein Kindesentzug durch einen Elternteil zugleich eine Kindesentführung, die auch strafrechtliche Konsequenzen nach sich ziehen kann. Da sich die folgenden Ausführungen nur mit Kindesentführungen innerhalb der Familie befassen, werden die Begriffe Kindesentführung, Kindesmitnahme und Kindesentzug weitgehend synonym benutzt.

Wann liegt eine Kindesentführung vor?

Eine Kindesmitnahme ist eine Sorgerechtsverletzung. Sie liegt vor, wenn ein Elternteil, der nicht im Besitz der alleinigen elterlichen Sorge oder des Aufenthaltsbestimmungsrechtes ist, das gemeinsame Kind gegen den Willen des anderen Elternteils ins Ausland bringt. Gemeinsam sorgeberechtigte Elternteile müssen gemeinsam über den Aufenthaltsort des Kindes entscheiden, d.h. dass auch ein Elternteil, der zwar im Besitz der elterlichen Sorge ist – aber eben gemeinsam mit dem anderen Elternteil –, nicht das Recht hat mit dem Kind seinen Aufenthaltsort ins Ausland zu verlegen, selbst wenn das Kind normalerweise bei ihm/ihr lebt. Es handelt sich im Übrigen auch um eine Kindesentführung, wenn ein Kind nach einem vereinbarten Besuch im Ausland nicht zurückgeschickt wird.

Wann kann es dazu kommen?

Ängste vor einer Kindesentführung oder die Androhung derselben sind in fast allen binationalen Familien in Krisen und schwerwiegenden Konfliktsituationen anzutreffen. Die Spannbreite erstreckt sich von ganz unterschwelligen, vagen Befürchtungen bzw. entsprechenden Andeutungen bis hin zu panischer Angst bzw. deutlichen Drohungen.

Erfahrungen zeigen, dass Ängste vor einer Kindesentführung oder deren Androhung vor allem in Zusammenhang mit Trennungen und Scheidungen auftreten, zumeist im Vorfeld oder in einer akuten Trennungssituation, aber auch noch nach bereits lange zurückliegender Trennung. Hintergrund sind in der Regel eskalierte Konflikte und der Versuch über das Kind Druck auf den Partner auszuüben um bestimmte Ziele zu erreichen, z.B. die Trennung zu verhindern bzw. rückgängig zu machen. Auf Seiten eines ausländischen Elternteils kann aber auch das Gefühl, ausgegrenzt zu werden und in Deutschland nicht zu seinem Recht zu kommen, Anlass sein an eine Kindesmitnahme zu denken.

Es können aber auch andere Motive eine Rolle spielen, wie z.B. das Ziel Unterhaltszahlungen für ein Kind und den früheren Partner zu verhindern oder etwa die Übersiedlung der gesamten Familie ins Heimatland eines Partners zu erzwingen.

Die Angst vor einer Kindesmitnahme hat ihre Wurzeln in den tatsächlichen Konflikten in der Familie. Sie wird zudem gefördert durch Vorurteile und stereotype Bilder, die in dieser Gesellschaft sehr verbreitet und in unseren Köpfen fest verankert sind. »Moslems entführen ihre Kinder«, ist eines dieser Bilder, die nicht zuletzt durch die medienwirksame Aufbereitung tragischer Einzelfälle ausgeformt und zementiert werden. Auch die besorgte Frage der Freundin: »Hast du denn gar keine Angst, dass er deine Kinder entführen könnte?«, kann Ängste schüren, unabhängig vom tatsächlichen Verhalten des anderen Elternteils.

Erfahrungen aus der Beratung zeigen, dass Elternteile, die ihr Kind mitnehmen ohne im Besitz der alleinigen elterlichen Sorge zu sein, sich durchaus bewusst sind, dass sie gegen bestehende rechtliche Bestimmungen verstoßen. Zugleich betrachten sie das Kind als zu ihnen gehörig und sich selbst als dazu berechtigt, das Kind mitzunehmen. Die Ausgangspositionen sind bei Männern und Frauen bzw. Vätern und Müttern allerdings unterschiedlich: Frauen – auch deutsche Frauen, die im Ausland leben – möchten nach einer gescheiterten Ehe in ihr Heimatland zurückkehren und dann ihre Kinder mitnehmen. Hierfür kann es ganz verschiedene Gründe geben: Vielleicht erhoffen sie in Deutschland für sich und das Kind eine bessere Zukunftsperspektive, können Unterstützung von der Familie und vom Sozialsystem erwarten; vielleicht sind sie sind im anderen Land nie heimisch geworden und sehen nach der Trennung keinen Grund dort zu bleiben. Es kommt auch immer wieder vor, dass Frauen vor übermäßigem Druck oder gar vor Gewalt durch den früheren Partner fliehen. Erfahrungsgemäß sind auch bei ausländischen Frauen, die von Deutschland aus ihre Kinder mit ins Herkunftsland nehmen, solche Gründe ausschlaggebend.

Bei Vätern kann eine Rolle spielen, dass sie – nicht unbegründet – Angst haben, ihre Kinder zu verlieren, keinen Zugang mehr zu ihnen zu bekommen, im Streit um die Kinder eine schlechtere Ausgangsposition und weniger Möglichkeiten zu haben. Es kann auch das Problem bestehen, dass ein Vater nach der Trennung befürchtet, nicht mehr an der Erziehung der Kinder mitwirken zu können, und auch nicht akzeptieren kann, dass die Kinder mit einem fremden Mann – dem neuen Partner der Mutter – zusammenleben.

Schließlich gibt es auch noch heute in vielen Ländern – vor allem im islamischen Rechtskreis – die Vormachtstellung des Mannes gegenüber der Frau und in Bezug auf die Kinder die Zuordnung der elterlichen Gewalt zum Vater. Die Mitnahme eines Kindes kann hier auch den Zweck haben, bestehende Vorrechte im Heimatland zu sichern und die Machtstellung des Mannes in der weiteren Auseinandersetzung mit der Partnerin zu nutzen.

Eine Rolle spielt vielfach auch, dass ausländische Elternteile befürchten – und dies leider nicht zu Unrecht –, dass sie hier ihre Anliegen und Interessen nicht so wirksam vertreten können wie deutsche Elternteile. Erfahrungen aus vielen Beratungsfällen bestätigen, dass sich Sprachprobleme, interkulturell unterschiedliche Sichtweisen und Problemlösungsmuster sowie Schwierigkeiten im Umgang mit dem hiesigen Rechtssystem und den Beratungsmöglichkeiten nachteilig für ausländische Elternteile auswirken. Auch deutsche Elternteile, die aus dem Ausland ein Kind mitnehmen, haben in der Regel im Vorfeld befürchtet im jeweiligen Land als Ausländer schlechtere Chancen zu haben und der Übermacht, den besseren Beziehungen des inländischen Elternteils nicht gewachsen zu sein.

Kindesentführungen passieren in Krisen, sie sind jedoch selten reine Affekthandlungen, sondern meist mehr oder weniger gut geplante Taten. Elternteile, die ihre Kinder mitnehmen, befinden sich oft in einer psychischen Ausnahmesituation. Sie haben keine Strategie mit der Trennung umzugehen oder sehen keine Zukunftsperspektive. Manchmal geht es um den Besitz der Kinder als gerechten Ausgleich für den Verlust der Familie oder als Strafe für den- bzw. diejenige, die die Trennung und damit die Auflösung der Familie wollte.

Im Vorfeld abzuschätzen, ob Ängste vor einer Kindesmitnahme gerechtfertig sind und ob tatsächlich eine Gefahr besteht, ist im Einzelfall nur sehr schwer möglich. Es gibt Fälle, in denen ein ausländischer Elternteil schon viele Jahre in Deutschland lebt, arbeitet und beteuert keinesfalls das Kind mitnehmen zu wollen – dies dann aber schließlich doch tut. In anderen Fällen mag ein Elternteil damit drohen, die Tat aber nie wirklich in die Realität umsetzen, sondern in erster Linie Zugeständnisse von anderen Partner erpressen wollen.

Im Streit um die Kinder, vor allem um den Umgang besteht ein zweifaches Dilemma: Bei einer befürchteten Kindesmitnahme können selten klare Beweise oder Indizien vorgelegt werden – zugleich kann der Elternteil, dem die Absicht einer Kindesentführung vorgeworfen wird, sich nur schwer dagegen verteidigen. So kann es im Einzelfall vorkommen, dass die Gefahr einer Kindesmitnahme von Anwälten, vom Familiengericht, manchmal sogar von dem anderen Elternteil unterschätzt – oder aber überschätzt wird. Möglicherweise wird jede Handlung, jede Äußerung des Elternteils nur noch unter dem Aspekt einer möglichen Kindesmitnahme betrachtet, der Umgang mit dem Kind wird eingeschränkt oder ganz verhindert.

Bei Ängsten oder der Drohung mit Kindesmitnahme ist eine möglichst differenzierte Betrachtung notwendig. Zum Schutz des Kindes kann tatsächlich zunächst eine Einschränkung des Umgangs nötig sein, langfristig kann ein Schutz vor einer Kindesmitnahme jedoch nur darin liegen, dass beide Elternteile die Trennung überwinden, dass jeder für sich eine stabile Zukunftsperspektive entwickelt – und die Bereitschaft zu einem Minimum an gegenseitiger Akzeptanz und Kooperation zum Wohle eines gemeinsamen Kindes.

Auswirkungen auf die Kinder

Gesicherte Erkenntnisse über die Folgen einer Kindesmitnahme für die Kinder gibt es kaum. Aus Fällen, bei denen die Kinder wieder nach Deutschland zurückkamen, weiß man allerdings, dass Kindesentführungen für die Kinder dramatische und z.T. traumatische Folgen haben: Der Kontakt zu dem Elternteil, mit dem die Kinder bisher lebten, wird unvorbereitet komplett unterbrochen, den Kindern wird erzählt, der Elternteil sei tot, interessiere sich nicht mehr für sie, käme vielleicht irgendwann in unbestimmter Zukunft nach. Kinder werden manchmal bei ihnen unbekannten Verwandten gelassen, sie kennen oft die Sprache der neuen Umgebung nicht. Es gab einzelne Fälle, in denen ein Elternteil mit seinem Kind »untertauchte«, mit der Folge, dass immer wieder die Identität geändert wurde, das Kind nicht zur Schule ging und permanent der Wohnort wechselte.

Kindesentführungen stellen in aller Regel eine massive Gefährdung des Kindeswohls dar. Ängste vor einer Kindesentführung müssen in jedem einzelnen Fall sehr ernst genommen werden.

Das Umgangsrecht bei Angst vor Kindesentführung

Bei Kindesentführungsängsten ist die Gestaltung einer Umgangsregelung erfahrungsgemäß sehr schwierig. Zur Verhinderung einer Kindesmitnahme wird normalerweise versucht den Umgang einzuschränken oder gar nicht mehr zuzulassen. Die Reglementierung und Einschränkung des Umgangs kann zugleich die Konflikte weiter anheizen, vor allem wenn die Einschränkungen vom umgangsberechtigten Elternteil als ungerechtfertigt oder gar bösartig interpretiert werden.

Manche Eltern lösen dieses Problem, indem der umgangsberechtigte Elternteil das Kind nur in Gegenwart des betreuenden Elternteils besucht. In den meisten Fällen ist aufgrund des hohen Konfliktpotentials eine solche Lösung aber weder praktikabel noch ratsam. Eine vorübergehende Lösung des Dilemmas, wie einerseits der Kontakt zwischen dem Kind und dem getrennten Elternteil erhalten bleiben kann, zugleich aber eine Mitnahme des Kindes verhindert wird, besteht in der Möglichkeit eines begleiteten Umgangs (siehe Kapitel »Umgang«).

Vorbeugende Maßnahmen

Bei begründeter Angst vor einer Kindesmitnahme können einige Vorsichtsmaßnahmen und rechtliche Mittel ergriffen werden um die Mitnahme des Kindes möglichst zu verhindern. Einen sicheren Schutz bieten diese Maßnahmen jedoch nicht.

- Pässe und Geburtsurkunden der Kinder an einem sicheren Ort deponieren;
- die alleinige elterliche Sorge beim zuständigen Familiengericht beantragen, zumindest aber das Aufenthaltsbestimmungsrecht im Wege einer einstweiligen Anordnung;

- Registrierung der Kinder bei den Grenzbehörden beantragen um die Ausreise zu verhindern. Voraussetzung ist ein familiengerichtlicher Beschluss, in dem einem Elternteil die elterliche Sorge bzw. zumindest das Aufenthaltsbestimmungsrecht zuerkannt wurde. Außerdem muss dieser Beschluss ausdrücklich die Bitte zur Registrierung der Kinder bei den Grenzbehörden enthalten. Um einen solchen Beschluss zu erwirken muss die Bedrohung glaubhaft gemacht werden können. Der Beschluss des Familiengerichtes muss an die Generaldirektion des Bundesgrenzschutzes in Koblenz weitergegeben werden. Nur wenn Gefahr im Verzug, das Kind also gerade verschwunden ist, kann mit Hilfe der Polizei, des Jugendamtes, einer Beratungsstelle oder auch durch den Sorgeberechtigten selbst die Aufnahme der Daten bei den Grenzschutzbehörden veranlasst werden. Am sinnvollsten ist es in solchen Fällen sich sofort an die Polizei zu wenden. Manchmal ist es notwendig, die Polizei ausdrücklich darauf hinzuweisen und darauf zu drängen den Bundesgrenzschutz sofort zu unterrichten.
- Kindergarten und Schulen informieren, dass die Kinder nicht vom anderen Elternteil abgeholt werden dürfen. Voraussetzung dafür ist, dass dem betreuenden Elternteil zumindest das Aufenthaltsbestimmungsrecht übertragen wurde;
- eventuell die Botschaft des Heimatlandes des drohenden Elternteils informieren. Sorgerechtsbescheid bzw. Bescheid über das Aufenthaltsbestimmungsrecht dort vorlegen mit der Bitte den Kindern keine Pässe auszustellen. Dies wird jedoch nicht von allen Botschaften akzeptiert.

Wenn es zu einer Kindesentführung gekommen ist

Glücklicherweise kommen Kindesmitnahmen durch einen Elternteil sehr viel seltener vor als vielfach angenommen und durch die Medien, vor allem die Regenbogenpresse, suggeriert wird. Es gibt keine Gesamtstatistik, die Aufschluss über die Anzahl der Kinder gibt, die jährlich von einem Elternteil gegen den Willen des anderen mit ins Ausland genommen werden. Zahlen liegen allerdings für die Fälle vor, in denen Kinder in Länder mitgenommen wurden, die das Haager Übereinkommen über die zivilrechtlichen Aspekte internationaler Kindesentführungen unterzeichnet haben, und in denen die zuständige deutsche Behörde kontaktiert wurde. Im Jahr 2001 wandten sich immerhin 189-mal Elternteile an die Zentrale Behörde, in der Regel um die Rückführung eines Kindes aus dem Ausland nach Deutschland zu beantragen, in wenigen Fällen wegen der Umsetzung eines grenzüberschreitenden Umgangs. Aus dem Ausland wandten sich

102 Eltern an die Zentrale Behörde, in der Regel um nach Deutschland mitgenommene Kinder an den vorherigen Lebensmittelpunkt zurückzuholen. Die mit Abstand meisten Fälle lagen zwischen Deutschland und den USA vor. 25-mal wurden Anträge aus den USA wegen der Rückholung eines Kindes gestellt, 32-mal wurde in umgekehrter Richtung versucht Kinder aus den USA zurückzuholen. In Bezug auf Länder der Europäischen Union betrafen die meisten Fälle Großbritannien, Frankreich, Italien und Griechenland. Die Türkei, in der erst seit kurzem das Haager Übereinkommen in Kraft ist, scheint mit immerhin 21 Fällen im Jahr 2001 ein neues Schwerpunktland zu werden (Quelle: Statistik der Zentralen Behörde).

Erfahrungen aus der Beratungsarbeit lassen den Schluss zu, dass Kindesentführungen in einzelne Länder des islamischen Rechtskreises, in afrikanische Länder oder nach Asien in sehr viel geringerer Zahl vorkommen, als gemeinhin vermutet wird. Dies hängt unter anderem damit zusammen, dass die Anzahl binationaler Paare mit Partnern aus diesen Ländern noch sehr viel niedriger ist als z.B. die Zahl deutsch-amerikanischer Familien. Ein weiterer Grund liegt jedoch auch darin, dass Elternteile aus Ländern außerhalb der EU und den USA ganz überwiegend ein starkes Interesse daran haben in Deutschland zu leben. Viele haben in ihren Heimatländern kaum Zukunftsperspektiven und sehen diese dort auch nicht für ihre Kinder. Trotzdem kommen Kindesentführungen auch in diese Länder vor und sind umso dramatischer, da es kaum Möglichkeiten und juristische Verfahrenswege gibt ein Kind von dort zurückzuholen.

Das Kind ist weg – welche Reaktionsmöglichkeiten gibt es?

Das Verschwinden eines Kindes ist für jeden Elternteil der schlimmst mögliche Fall. Wenn er eintritt, steht der zurückgebliebene Elternteil zunächst unter Schock; je nach Veranlagung wird der/die betroffene Vater/Mutter völlig hilflos und paralysiert sein – oder aber alle nur denkbaren Aktivitäten entwickeln.

Je nach Vorgeschichte und Zerstrittenheit der Eltern, je nach Motivation und Ziel, kann es sein, dass sich der Elternteil, der das Kind mitgenommen hat, meldet, seine Tat begründet, Forderungen stellt oder Vorschläge macht, wie es weitergehen könnte. Der schlimmste Fall ist erfahrungsgemäß, wenn es keinerlei Nachricht von dem Kind bzw. dem entführenden Elternteil gibt und der zurückgebliebene Elternteil auf Spekulationen und diffuse Auskünfte von Dritten, z.B. Verwandten angewiesen ist.

Wenn ein Elternteil sich nach der Mitnahme eines Kindes meldet, wird häufig sehr schnell deutlich, ob Spielraum für Verhandlungen und möglicherweise eine freiwillige Rückgabe des Kindes besteht. Wenn noch ein Minimum an Kommunikation zwischen den Eltern möglich ist, lohnt es sich zunächst die Anliegen des anderen Elternteils anzuhören und – wenn möglich – Zugeständnisse zu machen. Manchmal stellt ein Elternteil fest, dass es ein Fehler war das Kind mitzunehmen, manchmal geht es den Kindern sichtbar schlecht – dies alles kann dazu führen, dass auch der entführende Elternteil über eine Rückkehr nachdenkt. Manchmal allerdings werden Forderungen gestellt, die für den anderen Elternteil uneinlösbar sind, wie die Wiederaufnahme einer Partnerschaft oder die gemeinschaftliche Übersiedlung ins Heimatland des ausländischen Partners.

Falls die Mitnahme des Kindes eine Kurzschlussreaktion war, sollte man versuchen Ruhe zu bewahren, in Kontakt zu bleiben und Angebote zu machen, die dem anderen Elternteil eine Rückkehr ermöglichen könnten. Erfahrungsgemäß ist in den meisten Fällen eine Kindesmitnahme jedoch eine sorgfältig geplante Tat und die Chancen für ein freiwillige Rückkehr sind gering. Wenn es keine Verhandlungsmöglichkeit mit dem anderen Elternteil gibt, stellt sich dann die Frage nach rechtlichen Möglichkeiten.

Im Inland kann zunächst über die Möglichkeit eines Strafantrages nachgedacht werden. Kindesmitnahme bzw. Kindesentführung ist eine Straftat (§ 235 StGB), sie wird allerdings nur auf Antrag verfolgt. Der Strafantrag kann bei der Polizei oder direkt bei der Staatsanwaltschaft innerhalb von drei Monaten nach der Tat gestellt werden. Die Strafverfolgung allein bringt unseren Erfahrungen nach allerdings kein Kind aus dem Ausland zurück. Die Drohung mit Strafverfolgung kann im Einzelfall einerseits ein nützliches und sinnvolles Druckmittel in der Auseinandersetzung mit den anderen Elternteil sein, sie kann aber auch eine Hürde werden, die schließlich der tatsächlichen Rückkehr eines Elternteils mit dem Kind im Wege steht.

Werden Kind und entführender Elternteil noch im Inland oder im angrenzenden europäischen Ausland vermutet, sollte man sich sofort an Polizei und Bundesgrenzschutz wenden und auf dem Fahndungsweg versuchen eine Ausreise zu verhindern.

Es gibt Kindesmitnahmen durch einen Elternteil, die weder durch Verhandlungen noch Druck wieder rückgängig gemacht werden können und bei denen die Kinder auf Dauer im Ausland bleiben. In diesen Fällen bleibt dann nur noch der Versuch, den Kontakt zu den Kindern nicht abreißen zu lassen und wenigstens Besuchsrechte im Ausland durchzusetzen, in der Hoffnung, dass es zu einem späteren Zeitpunkt doch noch eine andere Lösung geben kann.

Das Haager Übereinkommen über die zivilrechtlichen Aspekte internationaler Kindesentführungen (HKÜ)

Seit Anfang 1990 ist Deutschland Vertragsstaat zweier internationaler Abkommen, die Regelungen und Verfahrenswege vorsehen, um widerrechtlich ins Ausland mitgenommene Kinder oder dort zurückbehaltene Kinder an den Ort ihres gewöhnlichen Aufenthaltes zurückzubringen.

Das wichtigste Übereinkommen ist das Haager Übereinkommen über die zivilrechtlichen Aspekte internationaler Kindesentführungen (HKÜ), das von der Haager Konferenz entwickelt und bereits am 25.10.1980 verabschiedet, in Deutschland aber erst am 01.12.1990 in Kraft gesetzt wurde. Das zweite Übereinkommen ist das Europäische Sorgerechtsübereinkommen (ESÜ), auf das allerdings bei der Rückführung von Kindern weit weniger zurückgegriffen wird, weil es in der Anwendung kompliziert ist. Das ESÜ wurde am 20.05.1980 verabschiedet und ist in Deutschland seit dem 01.02.1991 in Kraft.

Der Grundgedanke beider Übereinkommen ist, dass Entscheidungen, die das Wohl der Kinder betreffen, insbesondere Entscheidungen über das Sorgerecht oder Fragen einer Umgangsregelung bei einer Trennung der Eltern, in dem Land gefällt werden müssen, in dem das Kind seinen gewöhnlichen Aufenthalt hat. Beide Übereinkommen haben zum Ziel, die Rückführung widerrechtlich ins Ausland verbrachter bzw. dort zurückgehaltener Kinder zu erwirken. Die in einem Vertragsstaat geltende Sorgerechtsregelung ist in den anderen Staaten zu beachten. Eltern, die sich über Sorge- oder Umgangsregelungen streiten, müssen dies in dem Land tun, in dem das Kind normalerweise lebt.

In allen Ländern, die das HKÜ bzw. das ESÜ unterzeichnet haben, wurden eigene Behörden benannt, an die sich betroffene Elternteile wenden können, um einen Antrag auf Rückführung eines Kindes zu stellen. In Deutschland ist diese Behörde beim Generalbundesanwalt in Bonn angesiedelt. Die genaue Bezeichnung lautet: Zentrale Behörde nach dem Sorgerechtübereinkommens-Ausführungsgesetz.

Anschrift: Zentrale Behörde
Adenauerallee 99-103
53113 Bonn
fon 0228-410-40 / fax 0228/410-54 01

Das HKÜ ist zur Zeit in Deutschland und 52 weiteren Staaten in Kraft. Hier eine Länderübersicht:

Argentinien
Australien
Bahamas
Belgien*
Belize
Bosnien/Herzegowina
Burkina Faso
Chile
China (Hongkong und Macao)
Dänemark (ohne Faröer und Grönland)*
Ecuador
Finnland*
Frankreich (mit allen Hoheitsgebieten)*
Georgien
Griechenland*
Großbritannien (mit Insel Man, Falkland Inseln, Kaimaninseln, Montserrat, Bermudas)*
Honduras
Irland*
Island*
Israel
Italien*
Jugoslawien (Serbien, Montenegro)
Kanada
Kolumbien
Kroatien
Luxemburg*
Mauritius
Mazedonien
Mexiko
Monaco
Republik Moldau
Neuseeland
Niederlande*
Norwegen*
Österreich*
Panama
Polen
Portugal*
Rumänien
Saint Kitts and Nevis
Schweden*
Schweiz*
Simbabwe
Slowakei
Slowenien
Spanien*
Südafrika
Tschechien
Türkei
Turkmenistan
Ungarn
USA
Venezuela
Weißrussland (Belarus)
Zimbabwe
Zypern*

In den mit Sternchen markierten Ländern ist zusätzlich das ESÜ in Kraft, das außerdem von Liechtenstein unterzeichnet wurde.

Da es fortlaufend Bestrebungen gibt, weitere Länder in das Haager Kindesentführungsübereinkommen mit einzubeziehen, kommen immer wieder neue Länder hinzu. Die aktuelle Länderliste sowie weitere Informationen können auf der Homepage des Bundeszentralregisters eingesehen werden: www.bundeszentralregister.de. Weitere detaillierte Informationen zu dem Übereinkommen und einzelnen Ländern finden sich auf auf der Internetseite der Haager Konferenz:
www.hcch.net/e/status/stat26e.html.

Verfahrensweg

Wird ein Kind aus Deutschland widerrechtlich in einen dieser Vertragsstaaten mitgenommen oder dort zurückbehalten, z.B. nach einem Besuch, kann sich der in Deutschland zurückgebliebene Elternteil an die Zentrale Behörde wenden. Diese wird nur auf Antrag eines Elternteils tätig. Eltern können telefonisch oder schriftlich bei der Zentralen Behörde Formulare zur Stellung eines Rückführungsantrages anfordern. Nach Antragstellung wird die Behörde den Rückführungsantrag an die entsprechende Zentrale Behörde in dem Land weiterleiten, in das das Kind gebracht wurde.

Die Zentrale Behörde des jeweiligen Landes hat die Aufgabe gegebenenfalls zunächst den Aufenthaltsort des Kindes zu ermitteln und den entführenden Elternteil aufzufordern, das Kind zurückzubringen, in der Regel unter Setzung einer Frist. Wird das Kind nicht herausgegeben, leitet die ausländische Zentrale Behörde vor Ort ein Gerichtsverfahren zur Rückgabe des Kindes ein.

Dieses Verfahren variiert je nach Land und den örtlichen Gerichts- und Verwaltungsstrukturen. Ziel ist jedoch immer die Rückführung des Kindes an den Ort seines gewöhnlichen Aufenthaltes.

Voraussetzungen für die Rückführung eines Kindes nach dem HKÜ:

- Der Antrag auf Rückführung muss innerhalb eines Jahres nach der Entführung gestellt werden;
- das Kind darf das 16. Lebensjahr noch nicht vollendet haben;
- das Kind muss bis unmittelbar vor der Mitnahme seinen gewöhnlichen Aufenthaltsort im jeweiligen Land gehabt haben, d.h. eine Rückführung nach Deutschland kann nur beantragt werden, wenn das Kind bisher in Deutschland gelebt hat;
- eine Sorgerechtsverletzung muss vorliegen, d.h. der zurückgebliebene Elternteil ist Inhaber der gemeinsamen oder alleinigen elterlichen Sorge und hat sein Sorgerecht auch tatsächlich ausgeübt.

Die Aussichten über solch einen Antrag Kinder zurückzuholen sind recht gut. Es gibt nur wenige Gründe, die zu einer Zurückweisung des Antrages führen können. Dies ist vor allem dann der Fall, wenn das Kind alt genug ist und selbst widerspricht oder aber, wenn nach den Ausnahmeregelungen des Art. 13 des HKÜ mit der Rückführung die schwerwiegende Gefahr eines körperlichen und seelischen Schadens für das Kind verbunden wäre.

Verfahren in Deutschland

Wird ein Kind aus dem Ausland nach Deutschland verbracht und ein Gerichtsverfahren zur Rückgabe des Kindes von der Zentralen Behörde in Gang gesetzt, so wird dieses vor dem Familiengericht durchgeführt. Zuständig ist jeweils das Familiengericht am Ort des Oberlandesgerichtes, wo alle Fälle von Kindern verhandelt werden, die sich nach der Entführung im jeweiligen Oberlandesgerichtsbezirk aufhalten (es gibt insgesamt 64 Oberlandesgerichtsbezirke im Bundesgebiet).

Die Zeitspannen zwischen Antragstellung und Rückgabe eines Kindes können sehr unterschiedlich sein. Allerdings sind die Behörden gehalten, das Verfahren so kurz wie möglich zu halten. Ein ergangener endgültiger Gerichtsbeschluss zur Rückgabe eines Kindes kann schließlich mit Hilfe eines Gerichtsvollziehers und der Polizei durchgesetzt werden.

In der Vergangenheit wurde gerade Deutschland kritisiert, da hier häufig ein entführender Elternteil mit dem Verweis auf Art. 13 HKÜ die Rückführung eines Kindes verhindern konnte. Es wurde z.B. argumentiert, dass ein sehr kleines Kind sich nach einiger Zeit schon so gut hier eingelebt habe, dass ein erneutes Herausreißen und eine mögliche Trennung vom vertrauten Elternteil das Kind schädigen würden. Nach ausgeprägten politischen Diskussionen und der Beschränkung der Zuständigkeit auf nur noch ein Familiengericht pro Oberlandesgerichtsbezirk wird heute das HKÜ weitgehend konsequent angewendet.

Auftrag der Gerichte ist in diesen Verfahren ausdrücklich nicht, über Fragen des Sorgerechts zu entscheiden, sondern lediglich darüber ob eine widerrechtliche Mitnahme des Kindes vorgelegen hat, somit das HKÜ Anwendung finden kann und das Kind entsprechend zurückgebracht werden muss. Die weiteren Fragen des Sorgerechts müssen in dem Land geklärt werden, in dem das Kind zuvor lebte. Das Haager Übereinkommen befasst sich nur mit der Rückgabe des Kindes. Ob ein entführender Elternteil in das Land zurückkehrt, in dem er bisher auch gelebt hat, bleibt diesem überlassen. Hier besteht häufig das Problem, dass vielleicht Strafanträge laufen und möglicherweise weder Unterkunft noch Lebensunterhalt zur Verfügung stehen. In Einzelfällen kann die Rückführung eines Kindes mit großen Härten verbunden sein. In der Beratung begegnen uns z.B. immer wieder Frauen, die als Hausfrau die Kinder versorgt haben und die schließlich aus desolaten Familienverhältnissen oder aus einer Gewaltbeziehung unter Mitnahme der Kinder in ihr Herkunftsland fliehen. Nach der Rückführung der Kinder sind diese Frauen häufig nicht gut in der Lage, ihre eigenen Interessen und die ihrer Kinder zu vertreten. Oft waren sie vorher im jeweiligen Land schlecht integriert, wissen nicht, wie sie ihren Lebensunterhalt sichern können, wo sie wohnen sollen und können auch das jeweilige Hilfe- und Rechtssystem schlecht nutzen.

Auch in Deutschland können ausländische Väter und Mütter von einer solchen Schieflage zu ihren Ungunsten betroffen sein. An diesen Fällen zeigt sich, dass das Haager Übereinkommen zwar für die Frage der Rückführung der Kinder inzwischen sehr gut funktioniert, aber dringend notwendige zwischenstaatliche Vereinbarungen und die Familien stützende Maßnahmen nach der Rückführung eines Kindes fehlen.

Entführungen in Länder außerhalb des Geltungsbereichs des HKÜ

Wenn Kinder in ein Land mitgenommen werden, das nicht das Haager Übereinkommen unterzeichnet hat, ist die Rückholung eines Kindes auf juristischem Wege sehr schwierig – und manchmal unmöglich. Deshalb sollten in diesen Fällen zunächst alle Möglichkeiten einer Lösung und Regelung innerhalb der Familie ausgeschöpft werden. Dazu kann es z.B. hilfreich sein selbst in das Land zu reisen, in dem das Kind sich befindet, um mit dem entführenden Elternteil, mit den Schwiegereltern oder sonstigen wichtigen Personen der Familie zu sprechen. Aber: Dies kann auch mit Risiken verbunden sein, vor allem wenn man das Land nicht kennt, keine Unterstützung vor Ort hat und die Sprache nicht spricht. Bei einigen Ländern des islamischen Rechtskreises kommt hinzu, dass hier die Ehefrauen – auch wenn sie deutsche Staatsbürgerinnen sind – eine Ausreiseerlaubnis ihres Ehemannes benötigen, um das Land zu verlassen. Hier sollte also sehr gut überlegt werden, ob eine Reise in das jeweilige Land der richtige Schritt ist. Fällt die Entscheidung zugunsten einer Reise, so sollte diese dann jedenfalls gut vorbereitet sein. Es ist notwendig sich vorab genau über die rechtlichen Bedingungen im jeweiligen Land sowie über bestehende Einreise- und Ausreisebestimmungen zu informieren. Adressen von Ansprechpartnern vor Ort, möglicherweise von Rechtsanwälten und der Deutschen Botschaft, sollten zum Reisegepäck gehören.

Zu den rechtlichen Möglichkeiten: Wenn in Deutschland schon eine gerichtliche Sorgerechtsentscheidung getroffen wurde, kann man versuchen diese im Ausland anerkennen und für vollstreckbar erklären zu lassen. Gibt es noch keine Sorgerechtsentscheidung, so müsste ein entsprechendes Verfahren im Ausland angestrengt werden. Ein solches Verfahren von Deutschland aus zu betreiben ist in der Regel sehr langwierig. Aller Erfahrung nach besteht zudem nur wenig Aussicht auf Erfolg.

Wurde das Kind in einen Staat des islamischen Rechtskreises mitgenommen, so kommt hinzu, dass selbst wenn der Mutter das Recht zugesprochen würde, dass gemeinsame Kinder bei ihr leben dürfen, sich dies in der Regel nur auf das jeweilige Land bezieht. Die Kinder dürften also ohne Zustimmung des Vaters nicht nach Deutschland ausreisen, denn nach islamischem Recht bleibt die Entscheidungsgewalt über die Kinder immer beim Vater. Im Konfliktfall kann die Mutter lediglich das Recht zur Pflege und Versorgung der Kinder vor Gericht erstreiten.

Was können Auswärtiges Amt und Deutsche Botschaften tun?

Kinder aus binationalen Ehen haben in der Regel zwei Staatsangehörigkeiten. Das bedeutet, sie gelten in der Bundesrepublik als deutsche, im Heimatland des nichtdeutschen Elternteils als dortige Staatsbürger. Entführt der nichtdeutsche Elternteil die Kinder in sein Heimatland, so können die deutschen Auslandsvertretungen nicht viel tun, da das Kind im Heimatland des nichtdeutschen Elternteils den dortigen Gesetzen unterliegt und Staatsbürger des jeweiligen Landes ist. In Deutschland wird dies im Übrigen genauso gehandhabt: Wenn ein deutsches Kind noch eine weitere Staatsbürgerschaft hat, so hat diese hier keine Bedeutung; die Kinder werden nur als Deutsche betrachtet. Die manchmal bestehende Erwartung, die Botschaft könne dafür sorgen, dass ein Kind nach Deutschland zurückgebracht wird, kann von dieser nicht erfüllt werden. In all diesen Ländern ist – wie übrigens in Deutschland auch – die jeweilige Gerichtsbarkeit zuständig für Auseinandersetzungen in Sorgerechtsfragen.

Trotzdem empfiehlt es sich, bei allen Entführungen in Staaten außerhalb des Geltungsbereichs des HKÜ das Auswärtige Amt zu unterrichten und sich mit der deutschen Botschaft vor Ort in Verbindung zu setzen. Zum einen hat die Botschaft in der Regel Erfahrungen aus anderen Fällen, kann also wichtige Hinweise und vor allem Auskunft über Ein- und Ausreisebestimmungen geben. Die Botschaften können auch ortsansässige Anwälte nennen, die sich mit der Materie schon einmal beschäftigt haben und unter Umständen auch deutsch sprechen.

Informationen zu Kindesmitnahmen finden sich auch auf der Internetseite des Auswärtigen Amtes unter: www.auswaertiges-amt.de/www/de/laenderinfos/konsulat/kindesentziehung_html

Suche nach verschwundenen Kindern

In seltenen Fällen kommt es vor, dass ein Elternteil mit einem Kind verschwindet und der Aufenthaltsort lange oder auf Dauer unbekannt bleibt.

Diese Situation ist sicher eine der schlimmsten, die einem Elternteil widerfahren kann. Ohne Informationen über den Aufenthaltsort haben Eltern kaum Möglichkeiten etwas für die Rückkehr des Kindes zu unternehmen. Sie wissen zudem nicht, wie es ihrem Kind geht, was es macht und ob sie es je wieder sehen werden. Für Betroffene ist es in dieser Situation wichtig, mit anderen zusammenzukommen und sich mit Menschen auszutauschen, die ähnliche Erfahrungen gemacht haben.

Die Suche nach verschwundenen Kindern ist in erster Linie Sache der Polizei, aber für betroffene Eltern ist es in der Regel wichtig auch selbst tätig zu werden. Sofern Kontakte bestehen, ist eine Möglichkeit im Bekannten- und Verwandtenkreis des anderen Elternteils nach Anhaltspunkten und Informationen zu suchen. Selten bricht jemand alle Kontakte völlig ab, so dass hier manchmal Chancen bestehen, Hinweise auf den Aufenthaltsort des Kindes zu bekommen.

Eine andere Möglichkeit, die heute stark genutzt wird, ist die Suche nach verschwundenen Kindern im Internet. In den letzten Jahren haben in verschiedenen Ländern einige Organisationen Seiten im Internet eingerichtet, auf denen Bilder und Daten verschwundener Kinder präsentiert werden, in der Hoffnung, dass auf diesem Weg Kinder gefunden werden. In Deutschland gibt es z.B. die »Elterninitiative vermisste Kinder«, die im Internet unter www.vermisste-kinder.de zu finden ist.

Vor überzogenen Hoffnungen, Kinder auf diese Art und Weise wiederzufinden muss man allerdings warnen. Zu viel hängt von Zufällen ab, wie z.B. davon, dass der Polizei oder einem Grenzbeamten etwas auffällt.

Mediation bei Trennung und Scheidung

Mediation bedeutet Vermittlung und skizziert einen Prozess, in dem mit Hilfe eines neutralen Dritten, eines Vermittlers oder Mediators, Scheidungswillige in eigener Regie versuchen ihre Konflikte außergerichtlich zu regeln. Besonders in den USA wurden gute Erfolge mit dieser Methode erzielt, die auf der Grundlage basiert, dass über die Konflikte miteinander gesprochen wird.

Der Mediator/Die Mediatorin unterstützt das Ehepaar in dem Bemühen konstruktiv miteinander im Gespräch zu bleiben, während in einem Gerichtsverfahren jeder Ehepartner mit Hilfe eines Anwalts versucht das Maximum zu erstreiten. Dabei werden erfahrungsgemäß die bereits vorhandenen Konflikte verschärft. Zudem erzeugt die richterliche Entscheidung oft zumindest bei einem Konfliktpartner das Gefühl, verloren zu haben, womit zukünftige Streitigkeiten vorprogrammiert sein können, nicht zuletzt auf Kosten der Kinder.

In der Trennungs- und Scheidungsmediation können die notwendigen Regelungen bezüglich der Vermögensaufteilung, der Unterhaltszahlungen und des Kindesumgangs von den Betroffenen selbstverantwortlich verhandelt werden. Mit der somit entstandenen Vereinbarung kann dann durch einen Anwalt eine einvernehmliche Scheidung bei Gericht beantragt werden.

Mediatoren/-innen können aus verschiedenen Berufen kommen. Sie können Juristen, Psychologen, Pädagogen oder auch Soziologen sein. Sie verfügen über eine entsprechende Zusatzausbildung, die sie befähigt die Konfliktpartner dabei zu unterstützen, faire und individuelle Lösungen für ihre jeweiligen Streitpunkte zu finden. Auch bikulturellen Paaren bietet die Mediation die Chance, den Besonderheiten ihrer familiären Beziehungen Rechnung zu tragen und eigene maßgeschneiderte Regelungen zu finden, z.B. beim grenzüberschreitenden Kindesumgang, beim Erhalt der bikulturellen Identität der Kinder oder auch bei der finanziellen Absicherung anderer Familienmitglieder.

Die Voraussetzung für einen erfolgreichen Verlauf der Mediation ist die Bereitschaft beider Ehegatten sich in einem angeleiteten Gespräch zu öffnen, miteinander über die Konflikte zu reden mit dem Ziel gemeinsam nach Lösungen zu suchen. Schwierig kann sich dieser Prozess gestalten, wenn ein ausgeprägtes Machtgefälle besteht, z.B. in finanzieller Hinsicht, das einen der Ehegatten in Abhängigkeit belässt und dadurch ein gleichberechtigtes Aushandeln von Vereinbarungen erschwert bzw. unmöglich macht.

Die Kosten für das Mediationsverfahren müssen zurzeit noch privat getragen werden. Hierfür können keine staatlichen Zuschüsse beantragt werden. Aber nicht erst im Falle von Trennung und Scheidung kann Mediation binationalen Familien dabei helfen, ihre eigene Familienkultur mit selbstgewählten Regeln und Arrangements zu erschaffen.

Mediation ist ein Weg
- selbstbestimmt die notwendigen Regelungen zu treffen;
- einen destruktiven Streit vor Gericht zu vermeiden;
- eine faire Lösung für beide Seiten anzustreben;
- trotz Trennung verantwortliche Eltern zu bleiben.

Anhang

Adressen

Der Verband binationaler Familien und Partnerschaften, iaf e.V. bietet spezielle *Trennungs- und Scheidungsberatung* an:

iaf Frankfurt am Main
Ludolfusstr. 2-4
60487 Frankfurt
fon 069-71 37 56-0 / fax 069-707 50 92
e-mail: iaf.frankfurt@t-online.de

iaf Hamburg
Eidelstedter Weg 64
20255 Hamburg
fon 040-44 69 38 / fax 040-44 80 98 73
e-mail: iafHamburg@aol.com

iaf München
Goethestr. 53
80336 München
fon 089-53 14 14 / fax 089-53 27 96
e-mail: iafMuenchen@t-online.de

Weitere Kontaktstellen (eine Auswahl):

iaf Berlin
Oranienstr. 34, HH, 4. Stock
10999 Berlin
fon 030-615 34 99 / fax 030-615 92 67
e-mail: iaf-berlin@t-online.de

iaf Bonn
Thomas-Mann-Str. 30
53111 Bonn
fon 0228-65 55 70 / fax 0228-65 55 41
e-mail: verband-binationaler-bonn@web.de

iaf Bremen
Buntentorsteinweg 182-186
28201 Bremen
fon 0421-55 40 20/525 11 04
fax 0421-525 10 97
e-mail: info@iaf-bremen.de
Internet: www.iaf-bremen.de

iaf Hannover
Lindener Markt 10
30449 Hannover
fon 0511-44 76 23 / fax 0511-21 34 97 29

iaf Leipzig
Rosa-Luxemburg-Str. 19-21
04103 Leipzig
fon 0341-688 00 22 / fax 0341-211 20 52
e-mail: iaf.pergold@t-online.de

Weitere Adressen von iaf-Gruppen im Bundesgebiet sowie Informationen und Publikationslisten können bei der iaf Bundesgeschäftsstelle angefordert werden:

iaf Bundesgeschäftsstelle
Ludolfusstr. 2-4
60487 Frankfurt am Main
fon 069-71 37 56-0 / fax 069-707 50 92
e-mail: verband-binationaler@t-online.de
Internet: www.verband-binationaler.de

Weitere Adressen in der Bundesrepublik:

Bundesarbeitsgemeinschaft für Familienmediation
Eisenacher Str. 1
10777 Berlin
fon 030-23 62 82 66
e-mail: bafm-mediation@t-online.de

Zusammenwirken im Familienkonflikt
Mehringdamm 50
10961 Berlin
fon 030-861 01 95
e-mail: verein@zif-online.de

Deutscher Kinderschutzbund, Bundesverband e.V.
Bundesgeschäftsstelle
Schiffgraben 29
30159 Hannover
fon 0511-304 85-0 / fax 0511-304 85-49
e-mail: info@dksb.de
Internet: www.kinderschutzbund.de

Deutsches Institut für Jugendhilfe- und Familienrecht
Poststr. 17
69115 Heidelberg
e-mail: webmaster@dijuf.de

Verband alleinerziehender Mütter und Väter, Bundesverband e.V.
Beethovenallee 7
53173 Bonn
fon 0228-35 29 95 / fax 0228-35 83 50
e-mail: vamv-bundesverband@t-online.de
Internet: www.vamv.de

Deutscher Verein für öffentliche und private Fürsorge
Internationaler Sozialdienst
Am Stockborn 1-3
60439 Frankfurt
fon 069-958 07-02 / fax 069-958 07-465
e-mail: isd@issgr.de

Generalbundesanwalt beim Bundesgerichtshof
Zentrale Behörde
Adenauerallee 99-103
53113 Bonn
fon 0228-410-40 / fax 0228-410-505
Internet: www.bundeszentralregister.de

Grenzschutzdirektion
Postfach 1644
56016 Koblenz
fon 0261-399-0

Elterninitiative vermisste Kinder
Pommernstr. 9
24629 Kisdorf
fon 04193-89 09 98 / fax 04193-96 88 23
e-mail: info@vermisste-Kinder.org
Internet: www.vermisste-kinder.de

Auswärtiges Amt
Werderscher Markt 1
10117 Berlin
fon 01888-170
Internet: www.auswaertiges-amt.de

Bundesministerium der Justiz
Mohrenstr. 37
10117 Berlin
fon 030-20 25-70/-90 oder: 01888-580-95 25
fax 030-20 25-95 25 oder: 01888-580-95 25
e-mail: poststelle@bmj.bund.de
Internet: www.bmj.bund.de

Adressen im Ausland:

Belgien:
Missing Children International Network
Brüssel
fon 0032-2-534 65 31
e-mail: mcin@childfocus.org

Canada:
The Missing Children's Network
231 St-Jacques, Suite 406
Montréal, Québec H2Y 1M6
fon 001-514 843 43 33
e-mail: info@missingchildren.ca

Frankreich:
Collectif de Solidarité aux Mères
des Enfants Enlevés
9, rue des Chaillots
F- 92190 Meudon
fon 0033-1-45 34 49 10 / fax 0033-1-46 23 11 64
e-mail: csmee@wanadoo.fr

Großbritannien:
reunite – International Child Abduction Centre
PO. Box 24875
GB- London E1 6FR
fon 0044-20-73 75 34 41 / fax 0044-20-73 75 34 42
e-mail: reunite@dircon.co.uk
Internet: www.reunite.org

USA:
American Bar Association
750 N. Lake Shore Dr.
Chicago, IL 60611
fon 001-312-988-50 00
e-mail: info@abanet.org

National Center for Missing and Exploited Children
699 Prince Street
22193 Alexandria / Virginia
fon 001-703-23 53 900 / fax 001-703-27 42 200
Internet: www.missingkids.com

Literatur

Balscheit-von Sauberzweig, P./Gasser-Ruchat, W./Habegger, C./Haefliger-Manika, C./Kling, V./Sponagel Zopfi, M.: *Scheidung. Was tun wir für unsere Kinder?* Verlag Pro Juventute 2000.

Beck, Susanne/Hora, Raimund: *Scheidung. Katastrophe oder Chance. Ein Ratgeber.* EDITION VA BENE 2001.

Greitemeyer, Dagmar: *Die Trennungsfamilie.* Kösel 1998.

Große-Boymann, Tamara: *Scheidung. Ratgeber Recht.* Fischer Taschenbuchverlag 2000.

Haibach, Ulrike/Haibach, Rudolf: *Trennung und Scheidung. Ihre 180 wichtigsten Fragen an den Anwalt.* Deutscher Anwaltverlag 2001.

Lorinser, Barbara: *So helfe ich unserem Kind durch die Scheidung.* Urania 2000.

Maung, Prisca Gloor: *Mediation – Wie wir uns einigen, wenn wir uns trennen. Ein Scheidungs-Ratgeber.* Herder-Verlag, Freiburg 1996

Nolte-Schefold, Sigrid: *Scheidung. Antworten auf alle Rechtsfragen. Wie Sie den Rosenkrieg vermeiden.* Gräfe 2002.

Oberlies, Dagmar/Holler, Simone/Brückner, Margit: *Ratgeberin: Recht. Für Frauen, die sich trennen wollen und für Mitarbeiterinnen in Frauenhäusern und Beratungsstellen.* Fachhochschulverlag Frankfurt 2000.

Wallerstein, Judith S./Lewis, Julia M./Blakeslee, Sandra: *Scheidungsfolgen – Die Kinder tragen die Last. Eine Langzeitstudie über 25 Jahre.* Votum Verlag 2002.

Wolf, Doris: *Wenn der Partner geht... Wege zur Bewältigung von Trennung und Scheidung.* PAL 2001.

iaf bei Brandes & Apsel

Elke Burkhardt Montanari

Wie Kinder mehrsprachig aufwachsen

Ein Ratgeber
Herausgegeben vom Verband binationaler Familien und Partnerschaften, iaf e.V.
112 S., vierf. Pb., ISBN 3-86099-194-9

Zahlreiche Praxiserfahrungen aus dem bilingualen Alltag geben Anregungen, wie Eltern und andere Erziehende die Kinder beim Aufwachsen in mehreren Sprachen begleiten können. Der Ratgeber macht Mut, den Schritt zur Mehrsprachigkeit bei Kindern sowohl im privaten als auch im öffentlichen Raum zu wagen.
Das Buch vermittelt überzeugend, dass ein Kind mehr als eine Sprache gleichzeitig lernen kann. In mehreren Sprachen zu kommunizieren nutzt in Schule und Beruf und bedeutet größere kulturelle Kompetenz.
Eine Fülle von Tipps und konkreten Vorschlägen helfen, die täglichen Anforderungen in der Erziehung zur Mehrsprachigkeit zu bewältigen.

• • • • • • • • • • • • • • •

Ulrike Kéré

Westafrika. Informationen für binationale Paare

Burkina Faso, Elfenbeinküste, Gambia, Ghana, Nigeria, Senegal, Togo. Ein Ratgeber
Herausgegeben vom Verband binationaler Familien und Partnerschaften, iaf e.V.
168 S., Pb. mit Fotos, ISBN 3-86099-208-2

Ein Ratgeber rund um das bikulturelle Zusammenleben in Deutschland und Westafrika. Der interkulturelle Alltag wird in seinen verschiedenen Facetten beleuchtet: Das binationale Familienleben mit seinen rechtlichen Besonderheiten, Erfahrungen mit Rassismus oder die Situation afrodeutscher Kinder sind dabei wichtige Aspekte. In Deutschland lebende Afrikaner kommen ebenso zu Wort wie binationale und andere interkulturelle Grenzgänger.
»Ein sehr nützlicher und informativer Leitfaden, der afro-deutsche Paare auch mit Wurzeln in anderen afrikanischen Ländern ansprechen wird.«
(ekz-Informationsdienst)